Raum und Gewerbliche Wirtschaft 5
Industrielle Zulieferbeziehungen als Standortfaktor

VERÖFFENTLICHUNGEN
DER AKADEMIE FÜR RAUMFORSCHUNG UND LANDESPLANUNG

Forschungs- und Sitzungsberichte
Band 65

Industrielle Zulieferbeziehungen als Standortfaktor

Raum und Gewerbliche Wirtschaft 5

Forschungsberichte des Ausschusses „Raum und Gewerbliche Wirtschaft"
der Akademie für Raumforschung und Landesplanung

GEBRÜDER JÄNECKE VERLAG · HANNOVER · 1971

Mitglieder des Forschungsausschusses „Raum und Gewerbliche Wirtschaft"

Ministerialrat a. D. Prof. Dr. Gerhard Isenberg, Bonn, Vorsitzender
Akademischer Rat Dr. Hans Kistenmacher, Stuttgart, Geschäftsführer
Direktor Dr. Olaf Boustedt, Hamburg
Prof. Dr. Reinhold Brenneisen, Regensburg
Dozent Dr. Ulrich Brösse, Aachen
Prof. Dr. Erich Egner, Göttingen
Prof. Dr. Ingeborg Esenwein-Rothe, Nürnberg
Dr. Friedhelm Fabers, Dortmund
Ministerialdirektor Dr. Wilhelm Giel, Bonn
Oberverwaltungsrat August Kersting, Bocholt
Prof. Dr. Sigurd Klatt, Würzburg
Prof. Dr. Rudolf Klöpper, Göttingen
Dr. Jürgen Kraft, München
Akademischer Rat Dr. Elisabeth Lauschmann, Mannheim
Ministerialrat Dr. Heinz Löcherbach, Düsseldorf
Prof. Dr. Detlef Marx, Berlin
Prof. Dr. Wolfram Mieth, Regensburg
Dozent Dr. Ulrich Peter Ritter, Göttingen
Prof. Dr. Eduard Willeke, Mannheim

Der Forschungsausschuß stellt sich als Ganzes seine Aufgaben und Themen und diskutiert die einzelnen Beiträge mit den Autoren. Die wissenschaftliche Verantwortung für jeden Beitrag trägt der Autor allein.

ISBN 3 7792 5052 7
Alle Rechte vorbehalten · Gebrüder Jänecke Verlag · 1971
Gesamtherstellung: Gebrüder Jänecke, Druck- und Verlagshaus GmbH, Hannover
Auslieferung durch den Verlag

INHALTSVERZEICHNIS

Prof. Dr. Gerhard Isenberg, Stuttgart   Seite

Vorwort IX

Dozent Dr. Ulrich Brösse, Aachen

Industrielle Zulieferbeziehungen als Standortfaktor 1

1. Theoretische Einordnung und Ziele der Untersuchung 1
2. Methodik und Abgrenzungen der Untersuchung 6
   - 2.1 Einführende Bemerkungen 6
   - 2.2 Zum Zulieferbegriff 8
3. Die räumliche Relevanz industrieller Lieferverflechtungen 10
   - 3.1 Vorbemerkungen 10
   - 3.2 Die Bedeutung der Nähe zu Lieferanten und Abnehmern 11
     - 3.2.1 Beschaffungsseite 11
       - 3.2.1.1 Das Befragungsergebnis 11
       - 3.2.1.2 Eine Zulieferregion — Das Bergische Land 12
       - 3.2.1.3 Gründe für eine positive Beurteilung der Nähe 12
       - 3.2.1.4 Zeitlicher Wandel in der Beurteilung der Nähe 14
     - 3.2.2 Absatzseite 16
       - 3.2.2.1 Das Befragungsergebnis 16
       - 3.2.2.2 Zeitlicher Wandel in der Beurteilung der Nähe 18
     - 3.2.3 Die Reichweiten industrieller Lieferverflechtungen: Nahbereich und Fernbereich 18
   - 3.3 Geschäftsbeziehungen 20
     - 3.3.1 Allgemeine Voraussetzungen 20
     - 3.3.2 Gründe für die Auswahl der Lieferanten 21
     - 3.3.3 Risiken der Geschäftsbeziehungen 24
4. Industrielle Lieferverflechtungen ausgewählter Wirtschaftsräume 25
   - 4.1 Erhebungsmaterial und Problematik der Interpretation 25
   - 4.2 Verflechtungen auf der Beschaffungsseite 26
     - 4.2.1 Zulieferer 26
       - 4.2.1.1 Intra- oder interregionaler Charakter der Zulieferungen ... 26
       - 4.2.1.2 Nähe zu den Zulieferern und Standortwahl 29
     - 4.2.2 Rohstofflieferanten 31
     - 4.2.3 Lieferanten für Hilfs- und Betriebsstoffe 32
     - 4.2.4 Lieferanten von Investitionsgütern 32
   - 4.3 Vergabe und Übernahme von Lohnarbeiten 33
   - 4.4 Verflechtungen auf der Absatzseite 34
5. Der Faktor Nähe im unternehmerischen Standortfaktorenkatalog 37
   - 5.1 Zur Fragestellung 37
   - 5.2 Faktor Nähe 38
   - 5.3 Zur Rangordnung der Standortfaktoren 42
   - 5.4 Die Engpaßfaktoren Arbeit und Boden 44
   - 5.5 Steuerliche Überlegungen und öffentliche Vergünstigungen 47
   - 5.6 Verkehrsverhältnisse und Transportkosten 48
   - 5.7 Fühlungsvorteile 48
   - 5.8 Außerökonomische Motive 48
   - 5.9 Gebäude 49
   - 5.10 Sonstige Faktoren 50
6. Ergebnisse 51

Literaturverzeichnis 53

Anhang I: Darstellung der beschaffungswirtschaftlichen Verflechtungen einer ausgewählten Unternehmung des Aachener Wirtschaftsraumes 55

Anhang II: Tabellen 27 bis 70 61

Anhang III: Übersichtskarten 1 bis 4 89

Anhang IV: Fragebogen 95

TABELLENVERZEICHNIS

(Die Tabellen Nr. 1 bis 26 befinden sich im Textteil, die Tabellen 27 bis 70 im Anhang II)

Tabelle 1: Zusammenstellung der Antworten zu Frage 2.1.6: Welche Bedeutung hat für Sie die Nähe zu den Zulieferern?

Tabelle 2: Zusammenstellung der Antworten zu Frage 2.1.7: Hat die Nähe zu den Zulieferern zu verschiedenen Zeiten ein anderes Gewicht gehabt und könnte sich das in Zukunft ändern?

Tabelle 3: Zusammenstellung der Antworten zu Frage 2.2.4: Welche Bedeutung hat für Sie die Nähe zu Ihren Abnehmern?

Tabelle 4: Zusammenstellung der Antworten zu Frage 2.2.5: Hat die Nähe zu den Abnehmern zu verschiedenen Zeiten ein unterschiedliches Gewicht gehabt und könnte sich das in Zukunft ändern?

Tabelle 5: Gründe für die Auswahl der Zulieferer und Rangfolge der Gründe in den IHK-Bezirken Aachen, Arnsberg, Dortmund, Remscheid, Solingen und Wuppertal insgesamt

Tabelle 6: Gründe für die Auswahl der Zulieferer in den Kammerbezirken Hamburg, Braunschweig und Mannheim

Tabelle 7: Lieferverflechtungen auf der Beschaffungsseite der untersuchten Betriebe in den IHK-Bezirken Aachen, Arnsberg, Dortmund, Remscheid, Solingen und Wuppertal insgesamt

Tabelle 8: Lieferverflechtungen auf der Beschaffungsseite der untersuchten Betriebe im HK-Bezirk Hamburg

Tabelle 9: Lieferverflechtungen auf der Beschaffungsseite der untersuchten Betriebe im IHK-Bezirk Braunschweig

Tabelle 10: Lieferverflechtungen auf der Beschaffungsseite der untersuchten Betriebe im IHK-Bezirk Mannheim

Tabelle 11: Vergabe von Lohnarbeiten in die und Übernahme von Lohnarbeiten aus den Regionen (IHK-Bezirk Aachen)

Tabelle 12: Lieferverflechtungen auf der Absatzseite der untersuchten Betriebe in den IHK-Bezirken Aachen, Arnsberg, Dortmund, Remscheid, Solingen und Wuppertal insgesamt

Tabelle 13: Lieferverflechtungen auf der Absatzseite der untersuchten Betriebe im HK-Bezirk Hamburg

Tabelle 14: Lieferverflechtungen auf der Absatzseite der untersuchten Betriebe im IHK-Bezirk Braunschweig

Tabelle 15: Lieferverflechtungen auf der Absatzseite der untersuchten Betriebe im IHK-Bezirk Mannheim

Tabelle 16: Gründe für eine Standortwahl

Tabelle 17: Gründe für die Wahl des gegenwärtigen Standortes (IHK-Bezirke Aachen, Arnsberg, Dortmund, Remscheid, Solingen und Wuppertal insgesamt)

Tabelle 18: Gründe für die Wahl eines neuen Standortes im Falle einer zukünftigen Verlagerung oder Zweiggründung (IHK-Bezirke Aachen, Arnsberg, Dortmund, Remscheid, Solingen und Wuppertal insgesamt)

Tabelle 19: Bedeutung verschiedener Standortfaktoren (HK-Bezirk Hamburg)

Tabelle 20: Bedeutung verschiedener Standortfaktoren (IHK-Bezirk Braunschweig)

Tabelle 21: Gründe für die Wahl des gegenwärtigen Standortes (Zusammenfassung der Tabelle 17)

Tabelle 22: Gründe für die Wahl eines neuen Standortes im Falle einer zukünftigen Verlagerung oder Zweiggründung (Zusammenfassung der Tabelle 18)

Tabelle 23: Bedeutung verschiedener Standortfaktoren — Zusammenfassung (HK-Bezirk Hamburg)

Tabelle 24: Bedeutung verschiedener Standortfaktoren — Zusammenfassung (IHK-Bezirk Braunschweig)

Tabelle 25: Lieferantenstruktur eines ausgewählten Unternehmens des IHK-Bezirkes Aachen für das Jahr 1967

Tabelle 26: Lieferverflechtungen auf der Beschaffungsseite eines ausgewählten Unternehmens des IHK-Bezirkes Aachen im Jahr 1967 nach Entfernungszonen
Umfang der Untersuchungen (gegliedert nach Industriegruppen) für den/die . . . :

Tabelle 27:	IHK-Bezirk Aachen
Tabelle 28:	IHK-Bezirk Arnsberg
Tabelle 29:	IHK-Bezirk Dortmund
Tabelle 30:	IHK-Bezirk Remscheid
Tabelle 31:	IHK-Bezirk Solingen
Tabelle 32:	IHK-Bezirk Wuppertal
Tabelle 33:	IHK-Bezirke Aachen, Arnsberg, Dortmund, Remscheid, Solingen, Wuppertal zusammen
Tabelle 34:	Industrie aller ausgewählten IHK-Bezirke und Gesamtindustrie in Nordrhein-Westfalen (gegliedert nach ausgewählten Industriegruppen)
Tabelle 35:	Umfang der Untersuchung: Industrie aller ausgewählten IHK-Bezirke und Gesamtindustrie in Nordrhein-Westfalen (gegliedert nach ausgewählten Industriegruppen)
Tabelle 36:	Anteil der Befragung an der Gesamtindustrie in Nordrhein-Westfalen (gegliedert nach IHK-Bezirken)
Tabelle 37:	Verteilung der befragten Firmen auf Betriebsgrößenklassen in den ausgewählten Untersuchungsräumen (IHK-Bezirke) Nordrhein-Westfalens
Tabelle 38:	Verteilung der befragten Betriebe auf Umsatzgrößenklassen in den ausgewählten Untersuchungsräumen (IHK-Bezirke) Nordrhein-Westfalens
Tabelle 39:	Lieferverflechtungen auf der Beschaffungsseite der untersuchten Betriebe im IHK-Bezirk Aachen
Tabelle 40:	Lieferverflechtungen auf der Absatzseite der untersuchten Betriebe im IHK-Bezirk Aachen
Tabelle 41:	Lieferverflechtungen auf der Beschaffungsseite der untersuchten Betriebe im IHK-Bezirk Arnsberg
Tabelle 42:	Lieferverflechtungen auf der Absatzseite der untersuchten Betriebe im IHK-Bezirk Arnsberg
Tabelle 43:	Lieferverflechtungen auf der Beschaffungsseite der untersuchten Betriebe im IHK-Bezirk Dortmund
Tabelle 44:	Lieferverflechtungen auf der Absatzseite der untersuchten Betriebe im IHK-Bezirk Dortmund
Tabelle 45:	Lieferverflechtungen auf der Beschaffungsseite der untersuchten Betriebe im IHK-Bezirk Remscheid
Tabelle 46:	Lieferverflechtungen auf der Absatzseite der untersuchten Betriebe im IHK-Bezirk Remscheid
Tabelle 47:	Lieferverflechtungen auf der Beschaffungsseite der untersuchten Betriebe im IHK-Bezirk Solingen
Tabelle 48:	Lieferverflechtungen auf der Absatzseite der untersuchten Betriebe im IHK-Bezirk Solingen
Tabelle 49:	Lieferverflechtungen auf der Beschaffungsseite der untersuchten Betriebe im IHK-Bezirk Wuppertal
Tabelle 50:	Lieferverflechtungen auf der Absatzseite der untersuchten Betriebe im IHK-Bezirk Wuppertal
Tabelle 51:	Vergabe von Lohnarbeiten (IHK-Bezirk Aachen)
Tabelle 52:	Übernahme von Lohnarbeiten (IHK-Bezirk Aachen)
Tabelle 53:	Vergabe von Lohnarbeiten (IHK-Bezirke Aachen, Arnsberg, Dortmund, Remscheid, Solingen und Wuppertal insgesamt)
Tabelle 54:	Übernahme von Lohnarbeiten (IHK-Bezirke Aachen, Arnsberg, Dortmund, Remscheid, Solingen und Wuppertal insgesamt)
Tabelle 55:	Lieferverflechtungen auf der Beschaffungsseite für den IHK-Bezirk Aachen (gegliedert nach Postleiträumen)
Tabelle 56:	Gründungsjahre der befragten Firmen in den IHK-Bezirken Aachen, Arnsberg, Dortmund, Remscheid, Solingen und Wuppertal
Tabelle 57:	Zusammenstellung der Antworten zu Frage 2.1.8: Hat der Standort der Zulieferbetriebe für die Standortwahl Ihres Betriebes eine Rolle gespielt?
Tabelle 58:	Zusammenstellung der Antworten zu Frage 2.2.6: Hat der Standort Ihrer Abnehmer für die Standortwahl Ihres Betriebes eine Rolle gespielt?
Tabelle 59:	Umfang der Untersuchung für den HK-Bezirk Hamburg (gegliedert nach ausgew. Ind.-Gruppen)
Tabelle 60:	Gründungsjahre der befragten Firmen im HK-Bezirk Hamburg
Tabelle 61:	Bedeutung von Zulieferverflechtungen im HK-Bezirk Hamburg

Tabelle 62: Vergabe von Lohnarbeiten (HK-Bezirk Hamburg)
Tabelle 63: Übernahme von Lohnarbeiten (HK-Bezirk Hamburg)
Tabelle 64: Umfang der Untersuchung für den IHK-Bezirk Braunschweig (gegliedert nach ausgew. Ind.-Gruppen)
Tabelle 65: Gründungsjahre der befragten Firmen im IHK-Bezirk Braunschweig
Tabelle 66: Umfang der Untersuchung für den IHK-Bezirk Mannheim-Stadt und Land (gegliedert nach ausgew. Ind.-Gruppen)
Tabelle 67: Gründungsjahre der befragten Betriebe im IHK-Bezirk Mannheim
Tabelle 68: Vergabe von Lohnarbeiten (IHK-Bezirk Mannheim)
Tabelle 69: Übernahme von Lohnarbeiten (IHK-Bezirk Mannheim)
Tabelle 70: Lieferverflechtungen eines ausgewählten Unternehmens des IHK-Bezirkes Aachen im Jahr 1967 (gegliedert nach Postleiträumen)

Vorwort

Ein wichtiger Gegenstand innerhalb der Raumforschung ist die Standortlehre. Diese hat sich auf der einen Seite mit den Anforderungen zu befassen, die von den Fachbereichen (Sektoren, Branchen u. ä.) an den umliegenden Raum, an die äußere Umwelt gestellt werden, und auf der anderen Seite mit den Eigenschaften des Raumes und seiner speziellen Eignung. Über beides müssen wir Bescheid wissen, wenn wir die Standortlehre auf die praktische Raumordnung anwenden. Für die räumlichen Gegebenheiten liegt im allgemeinen, dank der mit Eifer betriebenen „Bestandsaufnahmen", reichhaltiges Material vor. Etwas anders steht es um die Anforderungen der Betriebe. Zwar sind die Fachleute in einigen Sektoren über die Zustände in der eigenen Branche wohl orientiert, so im Agrarsektor, im Verkehr und neuerdings auch im Einzelhandel; dagegen sind die Kenntnisse der Wirtschaftswissenschaftler über die Verhältnisse in der Industrie, obwohl sie in der Wertschöpfung und der Zahl der Arbeitskräfte unter den Sektoren mit Abstand an erster Stelle steht, recht kümmerlich. Dies ist vor allem deshalb bedenklich, weil die Wirtschaftswissenschaftler in der Praxis der Standortbestimmung von Industriebetrieben bereits derzeit und in Zukunft noch mehr ein hohes Maß an Verantwortung zu tragen haben.

Über den Mangel an Kenntnissen der konkreten Verhältnisse der Industrie können auch die großen Fortschritte nicht hinwegtäuschen, die nach dem Zweiten Weltkrieg in der ökonomischen Theorie und in den ökonomischen Verfahren gemacht worden sind. Aus ihnen läßt sich ein Nutzen für die Praxis nur in Verbindung mit den Einsichten in die konkreten Verhältnisse erwarten. Vergleichsweise wird sich auch eine noch so perfekte Pumpanlage dort kaum verwenden lassen, wo es an der Substanz, am Grundwasser, fehlt.

Zweifellos gibt es für den Mangel an Information über die Industrie eine Fülle von Gründen, wie die Kompliziertheit der technischen Vorgänge, über die nur der Ingenieur Bescheid weiß, das Fehlen einer Brücke, auf der zwischen Ingenieur und Ökonomen die Kenntnisse in einer Form austauschbar gemacht werden, wie es die jeweiligen Gesichtspunkte des Partners erfordern, die unermeßliche Vielfalt der Teilbranchen, die laufenden Veränderungen in dem Einsatz der Grundstoffe, in der Verfahrenstechnik und in den Verwendungszwecken der Produkte, was häufig mit einem Wechsel des betroffenen Betriebes in der Zugehörigkeit der statistisch nach den obigen Merkmalen umrissenen Branchen verbunden ist, das Aufgehen von bisher eindeutig zu einer bestimmten Branche gehörenden Unternehmungen in multisektoralen Großkonzernen und last not least, ungeachtet der Häufigkeit der Industrieberichterstattung, das Fehlen von statistischen Unterlagen, die die räumliche Orientierung in Bezug und Absatz betreffen, was hauptsächlich aus der durchaus gerechtfertigten Rücksichtnahme auf das Geschäftsgeheimnis erklärbar ist. Die Schwierigkeiten, die sich infolge des Mangels an Unterlagen einer Erforschung der Standortanforderungen entgegenstellen, dürften manchen Wirtschaftswissenschaftler bewegen, die anfänglichen Bemühungen um die Gewinnung eines Gesamtüberblicks über die Industrie in ihrer ganzen Mannigfaltigkeit aufzugeben und sich, als frustrierter Empiriker, wieder den mehr formalen Sparten zuzuwenden. Zudem pflegt die Beherrschung des methodischen Rüstzeugs derzeit in höherer Achtung zu stehen als das Wissen des Empirikers, das oft erst in mühsamer Kärrnerarbeit, verbunden mit ständiger Beobachtung, gewonnen ist.

Im Bewußtsein, daß es an Einsichten in die konkreten Zustände fehlt, habe ich es damals, vor etwa drei Jahren, als der Vorsitzende des Forschungsausschusses „Raum und Gewerbliche Wirtschaft" für angebracht gehalten, für dessen Arbeiten eine Forschungsaufgabe anzuregen, die im Rahmen der Standortlehre einen ausgesprochen empirischen Charakter hat und dementsprechend bei der Beschaffung von Unterlagen viel Kleinarbeit erfordert, zugleich aber den Bearbeitern die Möglichkeit zu interessanten Einblicken in die konkreten Verhältnisse der Industrie vermitteln kann.

Gegenstand der Forschungsaufgabe ist die Frage, wieweit die Verflechtungen, die innerhalb der Industrie zwischen den Lieferanten von Zulieferteilen und den Abnehmern bestehen, als Standortfaktor bedeutsam sind. Die Frage ist vor allem unter dem Blickwinkel der Regionalen Wirtschaftspolitik zu sehen.

Wieweit kann die räumliche Nähe von Zulieferbetrieben, sei es im Bezug oder im Absatz, für die Entwicklung eines mit Hilfe von öffentlichen Mitteln angesetzten Betriebes förderlich sein?

Die Anregung ist von den Mitgliedern des Ausschusses aufgegriffen worden. Sie konnten zu einem großen Teil an der Durchführung der Forschungsaufgabe mitwirken, vor allem, indem sie die Einzelbefragungen von Betrieben in einigen für das Problem besonders interessanten Handelskammerbezirken vernahmen und die Ergebnisse auswerteten. Da sich Herr Dr. BRÖSSE bereits vor der Inangriffnahme der vorliegenden Forschungsaufgabe mit den Zulieferbeziehungen befaßt hat, lag es nahe, ihn mit der Erstattung eines Berichts zu betrauen, in welchem die Teilberichte der regionalen Mitarbeiter zusammenfassend dargestellt sind.

Dieser Bericht wird hier vorgelegt.

Die Ergebnisse der Untersuchungen sind, wie in dem Bericht näher ausgeführt wird, nicht eindeutig; die Erwartung, daß die räumliche Nähe von Zulieferbeziehungen als Standfaktor bedeutsam sei, läßt sich aus der vorliegenden Untersuchung mit statistischen Verfahren nicht bestätigen.

Auch ein solch negatives Ergebnis kann nützlich sein, indem es die Lücken aufzeigt, die bisher in der Erfassung der Bedingungen für Produktion und Absatz in den einzelnen Branchen bestehen. Um die Lücken auszufüllen, sind Untersuchungen notwendig, die sich in monografischer Breite, aber doch zugleich mit der Einordnung in die gesamtwirtschaftlichen Zusammenhänge, nicht nur mit den einzelnen Branchen insgesamt, sondern auch mit einigen führenden Unternehmungen und den zugehörigen Betrieben befassen.

Auf diese Weise ließe es sich durchaus ermöglichen, über die Standortrelevanz der Zulieferbeziehungen Angaben zu machen, die konkreter sind, als das hier geschehen konnte. Eine derartige Untersuchung müßte allerdings weit über den Rahmen hinausgehen, den sich die Akademie für Raumforschung mit ihren fast alle Sachbereiche berührenden Forschungsausschüssen gestellt hat.

Hier bedarf es eines groß angelegten Vorhabens der Forschung, dieses könnte etwa dem ähnlich sein, was vor etwa vier bis fünf Jahrzehnten in den Weimarer Zeiten der "Enquête-Ausschuß" (Ausschuß für die Untersuchung der Erzeugungs- und Absatzbedingungen für die deutsche Wirtschaft) geleistet hat.

Leider konnte damals der regionalen Seite mit dem Standortproblem gegenüber der sektoralen Seite nicht die Beachtung gewidmet werden, wie dies in der Gegenwart angebracht wäre. In der Gegenwart könnte mit einer Großforschungsaktion die Möglichkeit geschaffen werden, auch diejenigen empirischen Ergebnisse zu gewinnen, die erforderlich wären, um die Aussagen der Theorie zu verifizieren und den Verfahren der Ökonometrie eine sinnvolle Anwendung zu geben. Hier wäre die Gelegenheit gegeben, die substantielle Seite der Wirtschaftswissenschaften mit der Theorie zum Zusammenspiel zu bringen.

Zum Abschluß des Vorwortes möchte ich der Verpflichtung nachkommen, allen denen, die bei der Forschungsaufgabe mitgewirkt haben, meinen herzlichen Dank auszusprechen, in erster Linie Herrn Brösse, Aachen, mit den bei der Erhebung unmittelbar mitwirkenden Ausschuß-Mitgliedern Frau Lauschmann, Mannheim, Herrn Fabers, Odenthal und Dortmund, Herrn Klöpper, Göttingen, Herrn Marx, Berlin (jetzt Ausschußvorsitzender), Herrn Ritter, Göttingen.

Hervorzuheben ist auch die Unterstützung, die andere Mitglieder des Ausschusses dem Vorhaben zukommen ließen, wobei ich namentlich an die Vorbereitung der Exkursionen nach Regensburg und Ostbayern durch Herrn Brenneisen denke sowie an den damaligen Ausschußsekretär, Herrn Kistenmacher (jetzt stellvertretender Ausschußvorsitzender), und an die wertvollen Anregungen, die mir aufgrund einer standortbezogenen Arbeit des Ifo-Instituts für Wirtschaftsforschung, München, die Herren Brede und Ossorio-Capella geben konnten.

All unsere Bemühungen wären weitgehend ohne Erfolg geblieben, wenn uns nicht die Industrie- und Handelskammern in Aachen, Arnsberg, Dortmund, Remscheid, Solingen und Wuppertal innerhalb von Nordrhein-Westfalen, in Braunschweig und Hildesheim sowie die Handelskammer Hamburg mit ihren Hauptgeschäftsführern den Zugang zu den befragten Betrieben geöffnet hätten. Hier erwähne ich stellvertretend für alle anderen Herrn Dr. Keunecke, Dortmund. Nicht vergessen werden dürfen die materiellen und ideellen Hilfen, die uns die Akademie für Raumforschung und Landesplanung geleistet hat.

Stuttgart, April 1971 *Gerhard Isenberg*

Industrielle Zulieferbeziehungen als Standortfaktor

von
Ulrich Brösse, Aachen

1. Theoretische Einordnung und Ziele der Untersuchung

Räumlich enge Beziehungen werden in der Raumwirtschaftstheorie mit Agglomerationsersparnissen begründet[1]). Abgesehen davon, daß der Begriff der Agglomerationsersparnisse keineswegs eindeutig und erschöpfend bestimmbare Tatbestände erfaßt, bereitet die quantitative Bestimmung einzelner Agglomerationsvor- und -nachteile erhebliche Schwierigkeiten. Von Böventer schreibt daher, daß die Erfassung der Agglomerationseffekte einer der wichtigsten Engpässe für die Formulierung einer rationalen Raumwirtschaftspolitik sei[2]). Ohne eine Spezifizierung und Messung von Agglomerationseffekten sind wissenschaftliche Aussagen aber nicht möglich. Deshalb wird in der vorliegenden Arbeit ein spezieller Faktor, nämlich die räumliche Nähe zwischen industriellen Zulieferern und Abnehmern, herausgegriffen und daraufhin untersucht, welche Bedeutung ihm als Agglomerationseffekt heute und voraussichtlich zukünftig zukommt. Hauptanliegen der Untersuchung ist es also, die von der Raumwirtschaftstheorie aufgestellte Hypothese, daß die Agglomerationseffekte der räumlichen Nähe zwischen industriellen Zulieferern und Abnehmern „raumdifferenzierende"[3]) Wirkungen haben, zu testen und gegebenenfalls zu spezifizieren bzw. zu modifizieren.

Die Zulieferindustrie ist seit langem Gegenstand wissenschaftlicher, vor allem aber politischer Diskussionen. Das Hauptgewicht liegt dabei auf den Problemen, die mit den Stichworten Selbständigkeit und Abhängigkeit der klein- und mittelbetrieblichen Zulieferer von den Großabnehmern, Konzentration und mittelständische Existenzmöglichkeiten charakterisiert werden können. Symptomatisch dafür ist die von der Daimler-Benz AG 1962 durchgeführte Untersuchung „Das Großunternehmen und der industrielle Mittelstand. Eine Untersuchung über die klein- und mittelbetrieblichen Zulieferer der Daimler-Benz AG"[4]). Auch von seiten des Handwerks besteht starkes Interesse an einer Verbesserung seiner Existenzmöglichkeiten als Zulieferer der Industrie[5]). Diese Problematik soll hier jedoch nicht aufgegriffen werden.

Ausgehend von der Erfahrungstatsache, daß ständig über Agglomerationsersparnisse gesprochen wird, der empirische Nachweis ihrer quantitativen Existenz bisher jedoch nicht geführt werden konnte, wird in dieser Untersuchung die Absicht verfolgt, externe Ersparnisse einmal quantitativ zu erfassen. Da bis heute empirische raumwirtschaftliche

---

[1]) Vgl. W. Isard: Location and Space-Economy. New York und London 1956, S. 182f. Isard spricht hinsichtlich der Agglomeration von „fuller use of spezialized and auxiliary industrial and repair facilities".
[2]) E. von Böventer: Raumwirtschaftstheorie. In: HdSW, Bd. 8, S. 705.
[3]) E. von Böventer: Theorie des räumlichen Gleichgewichts. Tübingen 1962, S. 14.
[4]) Vgl. weiter P. Konzelmann: Risiken und Chancen der mittelständischen Zulieferer und wirtschaftspolitische Möglichkeiten der Risikoabgrenzung. Manuskript o. O. 1964. — F. W. Meyer, H. Grote und R. Kornemann: Möglichkeiten einer Untersuchung der Funktionen und der Wettbewerbslage kleiner und mittlerer Zulieferunternehmen in der Bundesrepublik Deutschland. Eine Untersuchung, erstellt im Auftrag des Bundesministers für Wirtschaft, Bonn, März 1970.
[5]) Verwiesen sei auf die regelmäßigen Sonderschauen „Handwerk — Zulieferer der Industrie" auf der Internationalen Handwerksmesse München. Auf der Hannover-Messe 1970 fand eine Diskussion über Probleme des Zulieferwesens im Handwerk statt.

Arbeiten weitgehend fehlen, wird mit dem hier behandelten Thema Neuland beschritten[6]).

Die einzige bekannte Publikation mit vergleichbarer Thematik stellt das Buch von Streit „Über die Bedeutung des räumlichen Verbunds im Bereich der Industrie" dar[7]). Darin wird methodisch jedoch in anderer Weise vorgegangen als hier. Streit arbeitet mit einem Globalansatz, indem er die Beschäftigten der einzelnen Industriebranchen in den verschiedenen Regionen miteinander korreliert, um daraus Aussagen über den räumlichen Verbund zweier oder mehrerer Industrien zu machen. Er schließt also von Makrogrößen auf Einzelfälle anhand gemessener Zahlen.

Die hier vorgelegte Untersuchung basiert auf Unternehmensbefragungen. Es müssen daher von Mikogrößen bzw. Einzelfällen allgemeine Aussagen abgeleitet werden. Neben quantifizierten Angaben kommen bei der Befragungsmethode zahlreiche qualitative und individuelle Angaben zur Bedeutung der Nähe für einzelne Betriebe heraus, die besonderes Interesse verdienen. Die raumwirtschaftliche und regionalpolitische Bedeutung qualitativer Befragungsergebnisse liegt darin, daß sichtbar wird, welche Besonderheiten und in welchem Ausmaß diese Besonderheiten eventuell auch zukünftig Abweichungen von aus globalstatistischen Berechnungen gewonnenen allgemeinen Erkenntnissen verursachen können, worauf also im Einzelfall bei z. B. industrieller Erschließung zu achten ist. Insofern ergänzen sich beide Arbeiten und Methoden. Wegen dieser „Komplementarität" soll hier der methodische Ansatz von Streit kurz aufgezeigt werden.

Streit arbeitet mit einem Assoziationskoeffizienten und einem Verflechtungskoeffizienten. Der Assoziationskoeffizient zeigt den Grad der räumlichen Assoziation zweier Industriezweige an. Gemessen werden die Beschäftigten einer Branche in einer Region. Für den Grad des Zusammenhangs zwischen zwei Branchen auf der Basis der Beschäftigten wird dann für die 30 ausgewählten Regionen der Korrelationskoeffizient errechnet. Mit dem so gefundenen Bild der räumlichen Zuordnung wird noch nichts über die Ursachengrößen oder geringerer Nähe gesagt. Dazu wird als zweites ein Verflechtungsmaß definiert.

Der Verflechtungskoeffizient basiert auf Input-Output-Tabellen für die BRD. Er gibt den Anteil der Lieferungen zwischen zwei Industriezweigen an den Lieferungen dieser beiden Zweige mit allen Branchen an. Um nun räumliche Verflechtungen im Vorleistungsbereich nachzuweisen, werden zwei Teilfragen gestellt:
1. Eine generelle Frage nach Verflechtungsgrad und räumlicher Assoziation global für alle Industriezweige.
2. Die Frage nach dem branchenspezifischen Aspekt, d. h. inwieweit kann die räumliche Nähe zweier Branchen aus Lieferverflechtungen erklärt werden.

Bei der globalen Betrachtung sind die errechneten Assoziationskoeffizienten mit den entsprechenden Meßwerten für die Verflechtungsintensität, also den Verflechtungskoeffizienten, korreliert. Das ergibt für die BRD einen Korrelationskoeffizienten von 0,24. Streit resümiert: „Insgesamt gesehen erweisen sich also die interindustriellen Leistungsströme nicht als ein zentrales Element bei der (statistischen) Interpretation der beobachteten räumlichen Verteilung der Industrie der Bundesrepublik"[8]).

---

[6]) In der Untersuchung von Meyer, Grote und Kornemann (vgl. Anm. 4) werden die Standortprobleme der Zulieferindustrie auf dreieinhalb Schreibmaschinenseiten behandelt, wobei keine Aussagen zum Faktor Nähe für die Standortwahl von Industriebetrieben gemacht werden. Explizite Angaben über die Bedeutung örtlicher Kontakte zu Lieferanten und Abnehmern macht in einem „Standortfaktorenkatalog" die österreichische Arbeit „Standortfaktoren für die Industrieansiedlung" (Österr. Institut für Raumplanung, Bearbeitung: Helmut Schilling, Wien 1968). Die Angaben erfolgen anhand der Literatur und der Aussagen der einzelnen Industriebetriebe und Fachverbände. Dieser Standortfaktorenkatalog wird hier im weiteren Verlauf gelegentlich zum Vergleich herangezogen.

[7]) M. Streit: Über die Bedeutung des räumlichen Verbunds im Bereich der Industrie, Köln, Berlin, Bonn, München 1967. Auf zwei kleinere Befragungen über räumliche Lieferverflechtungen weist Streit, S. 36, Anm. 60, hin.

[8]) M. Streit, a. a. O., S. 56. Für Frankreich ergab sich ein noch negativeres Bild.

Das Ergebnis ändert sich jedoch etwas, wenn die Konsumgüterindustrie ausgeklammert wird. Dann werden rd. 15 % der für die verbleibenden Branchen gemessenen Unterschiede räumlicher Assoziation durch die Verflechtung erklärt (Korrelationskoeffizient = 0,387). Ohne Schiffbau liegt der Wert bei 16,7 % (Korrelationskoeffizient 0,408)[9].

Ein Vergleich der Zahlen mit den Ergebnissen dieser Untersuchung ist schon deshalb nicht möglich, weil hier bewußt nur einige wenige Branchen und Regionen ausgewählt wurden. Übereinstimmend ist jetzt bereits zu erwähnen, daß die räumliche Nähe zur Erleichterung von Zulieferungen ein ausgesprochen unbedeutender Standortfaktor ist.

Wie sieht es nun mit der branchenspezifischen Fragestellung bei STREIT aus? Erkenntnisse hierzu liefern zwei Regressionsmodelle. In dem ersten, einfacheren, wird die räumliche Assoziation zweier Branchen allein durch die Verflechtungsintensität erklärt. Im zweiten, komplizierteren, wird zusätzlich eine Agglomerationsvariable eingeführt. Das ausführlichere Modell berücksichtigt also, daß die Nähe zweier Industrien nicht allein auf Lieferverflechtungen zu beruhen braucht, sondern auch durch andere Faktoren bedingt sein kann, wie z. B. durch allgemeine Standortqualitäten, die beiden Branchen gleichermaßen zugute kommen[10].

Im Bereich der Grundstoff- und Produktionsgüterindustrie der BRD ist die festgestellte räumliche Nähe mit relativ großer Sicherheit für die eisenschaffende Industrie durch den Lieferaustausch dieser Industrie mit allen anderen zu erklären. Während in Deutschland die eisenschaffende Industrie als Pol für eine große Zahl von Lieferbeziehungen auf engem Raum angesehen werden kann, trifft das auf Frankreich nicht in dem Maße zu. In Frankreich scheinen die übrigen Faktoren, wie sie in der Agglomerationsvariablen zusammengefaßt sind, den größeren Einfluß zu haben.

Ähnlich gut gesichert wie bei der eisenschaffenden Industrie ist die Verflechtungsvariable bei der Industrie der Sägewerke und Holzbearbeitung. Das läßt sich ebenfalls für die Metallgießereien feststellen, bei denen allerdings der Agglomerationsvariablen die größere Bedeutung zukommt. Auch für die chemische Industrie ist ein Zusammenhang statistisch feststellbar.

Im Bereich der Investitionsgüterindustrie kann lediglich für die Eisen-, Blech- und Metallwarenindustrie ein Zusammenhang zwischen Verflechtungsgrad und geographischer Nähe statistisch einigermaßen verläßlich identifiziert werden.

Innerhalb der Konsumgüterindustrie ergeben sich positive Ergebnisse für die Holzverarbeitung und die Papier- und Pappeerzeugung und -verarbeitung sowie die Nahrungs- und Genußmittelindustrie. Soweit die Ergebnisse der Branchenanalyse.

Die bei STREIT herausragende eisenschaffende Industrie sowie einige weitere signifikante Branchen fehlen in der hier vorgelegten Untersuchung, deren Auswahl unter dem Zulieferaspekt erfolgte und die insofern von einer etwas anderen spezielleren Fragestellung ausgeht. Eine Gegenüberstellung der von STREIT und uns untersuchten Branchen Maschinenbau, Elektrotechnik, Kunststoffverarbeitung, Ziehereien und Kaltwalzwerke und EBM-Industrie läßt z. B. für die Räume Dortmund und Arnsberg keine branchenmäßigen Unterschiede hinsichtlich der Bedeutung räumlicher Nähe eindeutig erkennen. Für Hamburg ergibt sich in der EBM-Industrie eher sogar das gegenteilige Ergebnis wie bei STREIT: Nähe und Fühlungsvorteile sind für die drei befragten Hamburger Betriebe bedeutungslos. In dem untersuchten Bergischen Raum scheint die EBM-Branche vor allem im 100-km-Umkreis zu liefern und zu beziehen, wobei aber die übrige BRD und der Nahbereich ebenfalls sehr bedeutsam sind.

Für die genannten Branchen läßt sich also am ehesten noch die These formulieren, daß branchenmäßige Unterschiede in der Beurteilung der Lieferantennähe nicht eindeutig

---

[9]) Vgl. auch A. FISCHER: Die Struktur von Wirtschaftsräumen. Ein Beitrag zur Anwendung statistischer Methoden in der Regionalforschung, Wiesbaden 1969, S. 75 f.
[10]) Vgl. M. STREIT, a. a. O., S. 53 f.

nachweisbar sind. STREIT kommt zwar zu einem anderen Ergebnis, stellt aber für die EBM-Industrie fest, daß die Agglomerationsvariable das größere Erklärungsgewicht hat[11]). Immerhin wird man bei diesen Branchen mit starken individuellen Unterschieden einzelner Unternehmen in der Beurteilung zu rechnen haben. Ähnlich ist es wohl auch zu verstehen, wenn CHRISTOFFEL aufgrund einer eigenen Untersuchung zu der Aussage gelangt: „Die branchenmäßigen Unterschiede in der Wertschätzung von Fühlungsvorteilen sind klein"[12]).

Infolge von Zulieferbeziehungen können sich — wie eingangs erwähnt — Agglomerationsersparnisse ergeben. Nun kann räumliche Nähe zwischen Zulieferern und Abnehmern aber auch außerhalb einer Agglomeration relevant sein. Zulieferungen dürfen demnach nicht ausschließlich im Zusammenhang mit Agglomerationsvor- und -nachteilen gesehen werden. Für Raumwirtschaftspolitik und Regionalpolitik ist es wichtig zu wissen, inwieweit bei Industrieansiedlungen der räumlich enge Kontakt überhaupt Beachtung finden muß. Es wäre zwar möglich, auch den Fall, daß ein Zulieferer und ein Abnehmer, von anderen Betrieben isoliert, wegen der Fühlungsvorteile einen gemeinsamen Standort haben, unter die „Agglomerationseffekte" zu subsummieren. Im allgemeinen Sprachgebrauch wird aber unter Agglomeration u. a. eine Häufung von Betrieben verstanden.

Die besondere Beachtung der Nähe an sich — auch außerhalb von Agglomerationen — ist auch deshalb wichtig, weil ehedem in Deutschland Zulieferer und Abnehmer in der Regel räumlich enger verbunden waren als heute. Die Nähe ergab sich häufig daraus, daß im Zuge zunehmender Arbeitsteilung und Spezialisierung sich Zulieferer betrieblich vom Abnehmer lösten, aber am gleichen Standort blieben[13]). Für Italien kann MAURI noch 1960 behaupten, daß die für Großbetriebe tätigen Klein- und Mittelbetriebe ihren Standort in der Nachbarschaft ihrer Auftraggeber haben, zumindest nicht mehr als 100 km entfernt liegen[14]). Eine Parallele zu dieser Erscheinung läßt sich in manchen Entwicklungsländern beobachten, wo heute der räumliche Verbund zwischen Abnehmern und Zulieferern vorzuherrschen scheint[15]).

Schließlich sei erwähnt, daß unter dem Aspekt der Steigerung regionaler Wirtschaftskraft bei der ISENBERGschen Tragfähigkeitsrechnung[16]) die industriellen Zulieferer den *Fern*bedarfstätigen und nicht den *Nah*bedarfstätigen zugeordnet werden. Diese Fernorientierung ist aber nicht unmittelbar, sondern mittelbar zu verstehen, d. h., der Zulieferer wird wegen seiner Eigenschaft als Lieferant eines Fernbedarfstätigen als „exportierende" Wirtschaftseinheit betrachtet[17]). Dabei bleibt außer acht, in welchem Umfang die Zulieferer tatsächlich in der Nähe oder über größere Entfernungen absetzen.

[11]) M. STREIT, a. a. O., S. 63.
[12]) M. CHRISTOFFEL: Die industrielle Ballung in der Schweiz. Diss. St. Gallen, Thusis 1967, S. 104.
[13]) Vgl. H. WINKEL: Technischer Fortschritt und Unternehmensgröße aus der Sicht des Wirtschaftshistorikers. Vortrag im Rahmen des Kolloquiums „Technischer Fortschritt und Unternehmensgröße" aus Anlaß der 100-Jahr-Feier der RWTH Aachen vom 12. bis 15. Oktober 1970. (Veröffentlichung in Vorbereitung.) — Ebenso in zahlreichen Monographien über Einzelunternehmen, Branchen und Regionen und deren historische Entwicklung.
[14]) A. MAURI: Der Einfluß großer Industrieunternehmen auf die mittleren und kleineren Zulieferbetriebe. In: Internationales Gewerbearchiv, 8. Jg. (1960), H. 2, S. 72.
[15]) Vgl. W. SAUER: Die ökonomischen und technischen Probleme der deutschen Automobilindustrie in Brasilien und die dort entstandene nationale Zulieferindustrie. Vortrag im Rahmen des Kolloquiums „Technischer Fortschritt und Unternehmensgröße" aus Anlaß der 100-Jahr-Feier der RWTH Aachen vom 12. bis 15. Oktober 1970. (Veröffentlichung in Vorbereitung.)
[16]) G. ISENBERG: Existenzgrundlagen in Stadt- und Landesplanung. Tübingen 1965, insbesondere S. 38 f., 78 f., 153, 160 ff.
[17]) Entsprechend werden nach den „Richtlinien über die Verwendung der Bundeshaushaltsmittel für das Regionale Förderungsprogramm der Bundesregierung" vom 4. September 1969, Bundesanzeiger Nr. 174, S. 1 f., in der BRD geförderten Produktionsbetriebe, „die den überwiegenden Teil ihrer Erzeugung außerhalb des lokalen Marktes absetzen", und Zulieferbetriebe, bei denen der „überörtliche Absatz ... mittelbar gegeben sein" muß, d. h. als „Zulieferbetriebe für Industrie".

Es stellt sich daher die Frage, inwieweit die historisch zu erklärende Nachbarschaft von Zulieferern und Abnehmern auch heute noch Gültigkeit hat und in welchem Umfang die mittelbare Deutung der Zulieferer als „exportierende" Einheiten notwendig ist. Das Hauptanliegen dieser Untersuchung, aufzuspüren, inwieweit räumliche Nähe zu externen Ersparnissen führt, wird deshalb ergänzt durch das Ziel, herauszufinden, in welchem Ausmaß Zulieferer über kurze oder weite Entfernungen liefern. Das Untersuchungsergebnis kann dann dazu beitragen, die *Isenberg*sche Arbeitshypothese, daß die industriellen Zulieferer mittelbar zu den Fernbedarfstätigen zu zählen sind, zu bestätigen oder auch zu modifizieren.

Wie sich herausstellen wird, lassen sich die industriellen Zulieferer nicht eindeutig den Nah- oder Fernlieferanten zuordnen. Es muß also geprüft werden, mit welchem Anteil sie der einen oder anderen Gruppe zuzuordnen sind und welche branchenmäßigen und regionalen Unterschiede eventuell bestehen. ISENBERG schreibt hierzu: „Ein ansehnlicher Teil der Leistungen der Fernbedarfstätigen ist vielmehr auch für die nähere Nachbarschaft bestimmt. Dies gilt zwar kaum für die dünn besiedelten Gebiete, wo die Zahl der Abnehmer für die Aufnahme einer spezialisierten Produktion viel zu gering wäre, um so mehr aber für die Ballungsgebiete"[18]).

Mit der Herausarbeitung eines Ist-Bildes räumlicher Zuliefererverflechtungen liegt eine Bestandsanalyse vor. In einem logisch gesehen weiteren Schritt, der textlich nicht von der Bestandsanalyse getrennt wird, erfolgt die Deutung und Erklärung der räumlichen Verflechtungen und Verteilungen. Die Bedeutung der Nähe zwischen Lieferanten und Abnehmern wird analysiert. Dabei stößt man zwangsläufig auf die Frage nach den Gründen unternehmerischer Standortwahl. Das vorletzte Kapitel der Arbeit ist daher der Ermittlung eines Standortfaktorenkatalogs gewidmet, und zwar unter dem besonderen Aspekt der Stellung des Faktors „Nähe" in diesem Katalog.

In einem abschließenden Kapitel werden die Ergebnisse zusammengestellt. Es wird überprüft, ob die eingangs gesetzten Ziele dieser Untersuchung erreicht sind. Die gewonnenen Ergebnisse sollen einmal einen Beitrag zur Raumwirtschaftstheorie liefern. Zum anderen sollen — soweit es das empirische Material gestattet — daraus praktisch verwertbare Erkenntnisse für die Raumwirtschaftspolitik und die Regionalpolitik vermittelt werden.

Zusammenfassend lassen sich somit folgende Ziele dieser Untersuchung herausstellen:

1. Die Hypothese von der raumdifferenzierenden Wirkung der Agglomerationseffekte soll am Fall der räumlichen Nähe zwischen industriellen Zulieferern und ihren Abnehmern getestet und gegebenenfalls modifiziert werden.
2. Es ist zu untersuchen, in welchem Umfang Zulieferer ihre Produkte in der Nähe bzw. über größere Entfernungen absetzen. Die Angaben sollen für die BRD regional spezifiziert werden, so daß ein Bild industrieller Lieferverflechtungen ausgewählter Regionen entsteht.
3. Es wird der Versuch unternommen, die festgestellten räumlichen Verflechtungen und Verteilungen zu erklären.
4. Ein unternehmerischer Standortfaktorenkatalog wird unter dem besonderen Aspekt der Stellung des Faktors „Nähe" in diesem Katalog ermittelt.
5. Durch die Auswertung der Ergebnisse sollen raumwirtschaftspolitisch und regionalpolitisch relevante Erkenntnisse dargestellt werden.

---

[18]) G. ISENBERG: Die ökonomischen Bestimmungsgründe der räumlichen Ordnung. Ifo-Institut für Wirtschaftsforschung (Hrsg.), München 1967, S. 70.

2. Methodik und Abgrenzungen der Untersuchung

2.1 Einführende Bemerkungen

Die vorliegende Untersuchung basiert auf einer Unternehmensbefragung, die eine Gemeinschaftarbeit einiger Mitglieder des Forschungsausschusses „Raum und gewerbliche Wirtschaft" der Akademie für Raumforschung und Landesplanung darstellt. Durchführung und Auswertung der Unternehmensbefragungen in den Untersuchungsregionen erfolgten unter der Leitung jeweils eines beteiligten Mitgliedes. Im einzelnen bearbeiteten F. FABERS das Bergische Land, R. KLÖPPER und U. P. RITTER den Braunschweiger Raum, E. LAUSCHMANN den Mannheimer Bezirk, D. MARX die Regionen Hamburg, Dortmund und Arnsberg und der Verfasser selbst den Aachener Raum. Der Ausschuß beauftragte den Verfasser mit der Gesamtauswertung und der Erstellung des Manuskripts, in das die jeweiligen regionalen Auswertungen der anderen Mitarbeiter eingeflossen sind.

Eine erste Fassung dieser Arbeit wurde in einem Redaktionsausschuß diskutiert. Ihm gehörten an G. ISENBERG, H.-G. BARTH, H. KISTENMACHER, R. KLÖPPER, D. MARX und der Verfasser[19]). Wenn Angaben für einzelne Regionen im folgenden gemacht werden, so rühren sie immer aus den Auswertungen der jeweils zuständigen Mitarbeiter her.

Die Befragung wurde in Form von Interviews anhand eines Fragebogens durchgeführt. Ein einheitliches Anschreiben der Akademie für Raumforschung und Landesplanung bereitete die ausgewählten Betriebe auf den Besuch des Interviewers vor. Ein beachtlicher Teil der Angeschriebenen fand sich zu dem Gespräch bereit. Die „Erfolgsquote" lag zwischen 40 und 60 %.

Die Auswahl der Unternehmen erfolgte in zwei Schritten. Zuerst wurden Regionen festgelegt, in denen die Interviews durchgeführt werden sollten. Wegen der Vielzahl von Zulieferbetrieben im Bergischen Land fiel die Wahl zuerst auf diesen Raum. Weiter wurden als relativ isolierte industrielle Räume innerhalb der BRD der Hamburger und der Braunschweiger Raum herangezogen. Die Region Aachen wurde ausgewählt, weil sie als Grenzregion besondere Erkenntnisse bringen konnte. Der Dortmunder Raum stand als Teilgebiet des Ruhrgebiets stellvertretend für die besondere Struktur dieses schwerindustriellen Gebietes, der Arnsberger Raum entsprechend stellvertretend für schwächer industrialisierte Regionen. Der Mannheimer Bezirk schließlich sollte eine vielleicht besondere Zulieferersituation infolge der Nähe eines ausgesprochenen Großunternehmens (BASF) zu Tage bringen.

Die Regionsabgrenzung geschah jeweils nach den Bezirksgrenzen der Industrie- und Handelskammern. Auf die Industrie- und Handelskammern wurde aus statistischen Erwägungen zurückgegriffen und auch deshalb, weil die Kammern die Befragung teilweise aktiv unterstützt haben. Die meisten der untersuchten Regionen befinden sich im Lande Nordrhein-Westfalen, und zwar die Kammerbezirke Aachen, Arnsberg, Dortmund, Remscheid, Solingen und Wuppertal. Für Nordrhein-Westfalen erfolgten z. T. auch gesonderte Zusammenfassungen. Außerhalb des Landes Nordrhein-Westfalen wurden die Kammerbezirke Hamburg, Braunschweig sowie Mannheim Stadt und Land einbezogen.

In einem zweiten Schritt erfolgte die Auswahl der zu befragenden Unternehmen innerhalb jeder Region. Da der Aufwand stark begrenzt gehalten werden mußte, war nur eine Stichprobenbefragung möglich. Mit Hilfe von Firmenverzeichnissen und von Beratungen

---

[19]) Den Mitgliedern des Redaktionsausschusses dankt der Verfasser für wertvolle Anregungen und Verbesserungsvorschläge. — Es erübrigt sich fast zu betonen, daß ohne die Mitwirkung der anderen beteiligten Mitarbeiter dieser Band nicht hätte vorgelegt werden können. Besonderer Dank gilt G. ISENBERG, der als langjähriger Leiter des Forschungsausschusses „Raum und gewerbliche Wirtschaft" das Forschungsvorhaben immer wieder richtungsweisend gefördert hat.

durch die Industrie- und Handelskammern bzw. durch die Handelskammer Hamburg wurde eine Aufstellung von Unternehmen gewonnen, die als Zulieferer oder als Abnehmer von Zulieferteilen interessant schienen.

Bei der branchenmäßigen Auswahl stand vor allem die Überlegung im Vordergrund, daß typische Zulieferbranchen — wie z. B. die EBM-Industrie — auszuwählen seien. Darüber hinaus gelangten aber auch einige „ausgefallene" Industrien, wie z. B. die Musikinstrumentenindustrie in Braunschweig, in die Befragung[20]. Folgende 16 Industriegruppen, nach Signierkennziffern geordnet, sind einbezogen:

- 25 Steine und Erden,
- 28 NE-Metallwarenindustrie,
- 29 Gießereiindustrie,
- 30 Ziehereien und Kaltwalzwerke, Stahlverformung,
- 31 Stahlbau,
- 32 Maschinenbau,
- 36 Elektrotechnische Industrie,
- 37 Feinmechanische und optische Industrie sowie Uhrenindustrie,
- 38 EBM-Industrie,
- 40 Chemische Industrie,
- 52 Glasindustrie,
- 56 Papier und Pappe verarbeitende Industrie,
- 58 Kunststoff verarbeitende Industrie,
- 59 Kautschuk und Asbest verarbeitende Industrie,
- 63 Textilindustrie,
- 99 Sonstige Industriegruppen.

Da ein Ziel der Untersuchung ist, Auskunft über die Lieferentfernungen zu bekommen, erfolgt eine Klassifizierung der Lieferungen nach folgenden Entfernungsgruppen:

Nahbereich:	0— ca. 30 km
Fernbereich:	über ca. 30 km
weitere Umgebung	ca. 30—100 km
restliche BRD	ca. 100—750 km
Europa:	ca. 750—1 500 km
restliches Ausland:	über ca. 1 500 km

Nach der Umsatzgröße gemessen sind die kleineren Betriebe mit Umsätzen unter 2 Mio. DM weitgehend ausgelassen. Das Schwergewicht liegt bei den mittleren und größeren Betrieben ab 2 Mio. DM Jahresumsatz[21]. Entsprechend findet sich am häufigsten die Beschäftigtenzahl 160 bis 300. Der Anteil der Betriebe unter 50 Beschäftigten ist sehr gering[22]. Damit sind vielfach kleinere und deshalb vielleicht typische Zulieferer nicht angesprochen. Vielmehr konzentriert sich die Befragung auf Abnehmerbetriebe, um von diesen zur Lage und Verteilung der Lieferanten zu gelangen.

Der quantitative Umfang der Untersuchung und damit ihr Repräsentationsgrad wird beispielhaft an den Regionen Nordrhein-Westfalens, die, wie gesagt, gesondert zusammengefaßt sind, gezeigt. Darüber geben die Tabellen 27 bis 36 Auskunft. Den Anteil der Erhebung an der Gesamtzahl aller Betriebe und Beschäftigten einer Industriegruppe in den jeweiligen Untersuchungsgebieten zeigen die Tabellen 27 bis 32. In Tabelle 33 sind alle

---

[20] Fragebogen vgl. Anhang IV.
[21] Vgl. Tabellen 38, 59, 64, 66.
[22] Vgl. Tabellen 37, 59, 64, 66.

Ergebnisse der vorherigen Tabellen zusammengefaßt. Sie werden in den Tabellen 34 und 35 der Gesamtindustrie Nordrhein-Westfalens gegenübergestellt. Den Anteil der Erhebung an der gesamten Industrie in Nordrhein-Westfalen weist schließlich die Tabelle 36 aus.

Aus den sechs Industrie- und Handelskammerbezirken des Landes Nordrhein-Westfalen konnten 170 beantwortete Fragebögen für die Auswertung herangezogen werden. Sie verteilen sich folgendermaßen auf die einzelnen Wirtschaftsräume:

Bergisches Land	51 Fragebögen
Aachener Bezirk	46 Fragebögen
Dortmunder Bezirk	44 Fragebögen
Arnsberger Bezirk	29 Fragebögen
insgesamt	170 Fragebögen

Von insgesamt rd. 15 500 Betrieben mit insgesamt rd. 2,3 Mio. Arbeitnehmern in Nordrhein-Westfalen entfallen rd. 4 300 Betriebe (28 %) mit rd. 0,6 Mio. Beschäftigten auf die Industrie- und Handelskammerbezirke Aachen, Arnsberg, Dortmund, Remscheid, Solingen und Wuppertal. Der Anteil der befragten Betriebe an der Gesamtzahl der Betriebe in diesen Untersuchungsräumen zusammen beträgt 3,9 %. Hierfür werden 14,5 % der Gesamtbeschäftigung in den sechs Gebieten erfaßt.

Wird zum Vergleich die Gesamtindustrie des Landes Nordrhein-Westfalen zugrunde gelegt, so konnten 1,1 % der Betriebe und damit 3,7 % der Beschäftigten Nordrhein-Westfalens bei der Umfrage berücksichtigt werden.

Eine Betrachtung des Erhebungsmaterials unter dem Aspekt der beteiligten Industriegruppen zeigt (Tabelle 35), daß das Schwergewicht der Befragung auf folgenden Industriegruppen liegt:

Industriegruppe	Anteil*) der Betriebe in %	Anteil*) der Beschäftigten in %
Elektrotechnik	2,8	7,2
EBM-Industrie	2,2	12,2
Maschinenbau	1,6	3,2
Stahlverformung	1,4	3,3

*) Anteil der jeweiligen Industriegruppe an der Gesamtindustrie Nordrhein-Westfalens.

Der Anteil der befragten Betriebe jeder Branche an den vorhandenen Betrieben dieser Branche (Betriebe mit jeweils 10 und mehr Beschäftigten) schwankt sehr stark. In der Regel liegt der Prozentsatz kaum über 25 %[23]. Eine Ausnahme macht der Braunschweiger Kammerbezirk mit sehr hohen Anteilen (bis 66 %)[24], was mit der absolut geringen Zahl von überhaupt vorhandenen Betrieben einer Branche zu erklären ist. Wesentlich höhere Anteile errechnen sich dagegen auf Basis der Beschäftigten. Die Beschäftigtenzahl ist in diesem Zusammenhang jedoch nicht aussagekräftig. Denn die Auskünfte erteilte jeweils nur *eine* Stelle, meist *eine* Person, stellvertretend für den gesamten Betrieb. Die Qualität der Antwort hängt daher überhaupt nicht von der Betriebsgröße, sondern allein von dem Interviewten (und dem Interviewer) ab.

2.2 Zum Zulieferbegriff

Eine wichtige Abgrenzung wird durch die Definition von Zulieferer bzw. Zulieferteil und Zulieferbetrieb notwendig. Wie eingangs bereits erwähnt, ist das Wort Zulieferer,

---
[23]) Vgl. Tabellen 27, 32, 59, 66.
[24]) Vgl. Tabelle 64.

das im wissenschaftlichen und wirtschaftspolitischen Sprachgebrauch verwendet wird, aber nicht übereinstimmend und eindeutig definiert. Bei der Befragung wurde oft festgestellt, daß vielen Befragten keine engere Abgrenzung des Zulieferbegriffs geläufig war. Dem allgemeinen Sprachgebrauch unterliegt eine mehr technisch-funktionale Definition. Danach werden Zulieferungen und Vorlieferungen unterschieden[25].

Vorlieferungen sind eine Art „Grundlagen" der Produktionsprozesse, wie Rohstoffe, Maschinen, maschinelle Einrichtungen und Werkzeuge, wobei die letzten drei Gütergruppen unter dem Begriff der Investitionsgüter zusammengefaßt werden.

Zulieferteile sind Einzelteile und Zubehör für industrielle Erzeugnisse, die nicht mehr wesentlich mechanisch oder chemisch ver- oder bearbeitet, sondern nur noch eingebaut werden[26]. Sie verlieren dabei ihre Eigenschaft als eigenständiges Produkt (z. B. ein Kugellager) und gehen in dem neuen Gut auf, für das sie funktionsnotwendig sind. Vielfach, z. B. in der Automobilbranche, stellen Zulieferteile Massenprodukte dar, was aber keineswegs so sein muß. Die Gießereiindustrie liefert beispielsweise weitgehend Einzelstücke. Zulieferer „fertigen entsprechend den Aufträgen bzw. gemäß der näheren Spezifikation der Abnehmer und damit in der Regel nicht auf Lager zumindest insoweit, als sie ihre Fertigung nicht aufgrund eines Lagerbestandes disponieren"[27]. Teilweise ist allerdings auch die Lagerfertigung üblich (z. B. bei Schrauben, Wälzlagern).

Im allgemeinen spricht man im Bereich des Maschinenbaus und der Fahrzeugherstellung (Montagebau) von der Zulieferindustrie und den Zulieferteilen. Funktionell gesehen gehören aber auch Heizungsanlagen, Wasserleitungen für Wohnungen und Gebäude, elektrische Leitungen und andere im Wohnungsbau oder analoge zugelieferte Teile in anderen Branchen zu den Zulieferteilen. Es besteht kein Grund, diese Güter nicht dazu zu rechnen. — Problematisch ist die Stellung der Verpackungsindustrie. Definitionsgemäß zählen z. B. Koffer für Schreibmaschinen oder Fläschchen und Tuben für Medikamente nicht zu den Zulieferteilen. Funktionsgemäß ähneln sie diesen jedoch sehr stark. Faßt man das Produkt erst mit seiner Verpackung als Fertigprodukt auf, so läßt sich auch die Verpackungsindustrie insoweit als Zulieferindustrie bezeichnen. Das erscheint auch für das praktische Vorgehen sinnvoll.

Manchmal wird von Zulieferindustrien gesprochen, ohne daß die beschriebenen Tatbestände zugrunde liegen. Beispielsweise hat sich im Ruhrgebiet eine ausgedehnte sogenannte Bergbau-Zulieferindustrie angesiedelt, die komplette Förderbänder, Stempel, Waschkauen, Förderkörbe usw. herstellt. Es handelt sich dabei jedoch um Ausrüstungs- und Investitionsgüter, aber nicht um Zulieferteile im hier definierten Sinne.

Es besteht die praktische Schwierigkeit, daß die Abgrenzung von Zulieferteilen nicht immer eindeutig möglich ist. Die Befragung hat das deutlich gezeigt. Insbesondere ist die Grenze zwischen Halbfertigfabrikaten und Zulieferteilen fließend.

Außer den bisher erwähnten Vorlieferungen und Zulieferungen gehören zu den Einsatzgütern im Betrieb noch die Hilfs- und Betriebsstoffe. Wie ihr Name schon sagt, üben sie Hilfsfunktionen aus (Kühl- und Putzmittel) und dienen der Aufrechterhaltung des Betriebsablaufs (Elektrizität zum Betrieb von Maschinen).

Die gleiche Funktion wie Zulieferteile üben vergebene Lohnarbeiten aus. Sie sind deshalb als Zulieferleistungen anzusehen; denn es besteht prinzipiell kein Unterschied, ob der Bearbeiter den Werkstoff für eigene Rechnung bezieht und verarbeitet, oder ob er ihn

---

[25] Vgl. auch K. KAISER: Vor- und Zulieferungen des metallverarbeitenden Handwerks an die Industrie im Regierungsbezirk Düsseldorf. Essen 1964, S. 7.
[26] Ähnlich auch E. FEUERBAUM: Die Zubringer- und die Montageindustrie. Berlin 1956, S. 13 f.
[27] I. PETZOLD: Die Zulieferindustrie. Diss. TU Berlin 1968, S. 14.

vom zukünftigen Abnehmer zur Bearbeitung zur Verfügung gestellt bekommt. Gelegentlich werden solche Lohnarbeiten auch zu einer Gruppe „Unterleistungen" gezählt[28]).

Die hier verwendeten Begriffsbestimmungen sind — wie gesagt — technisch-funktioneller Art. Das heißt nicht, daß sie damit nicht ökonomisch relevant wären. Zwar hat die Befragung erkennen lassen, daß das ökonomische Kriterium für die Beurteilung räumlicher Lieferantennähe vor allem Kommunikationskosten sind. Sie beziehen sich auf *alle* Lieferungen. Die praktischen Schwierigkeiten der Abgrenzung der Zulieferteile haben die Untersuchung daher auch des öfteren zu einer Untersuchung über die räumlichen industriellen Lieferverflechtungen *aller* Produkte werden lassen. Gerechtfertigt ist das insofern, als Kommunikationskosten und Transportkosten für die Lieferung aller Produkte und Leistungen entstehen. Trotzdem wurde immer wieder versucht, die Zulieferverflechtungen gesondert herauszustellen, und es wird dabei gezeigt, daß im großen und ganzen die Transport- und Kommunikationskosten auf die Gruppe der Zulieferteile einen anderen Einfluß haben als etwa auf die Investitionsgüter oder die Hilfs- und Betriebsstoffe. In vielen Fällen mußte — wie gesagt — die Fragestellung jedoch auf Lieferbeziehungen allgemein ausgedehnt werden (z. B. im Standortfaktorenkatalog, wo die räumliche Nähe zu Lieferanten und Abnehmern nicht spezifiziert für Zulieferer erfragt werden konnte). D. h., es finden sich neben der Gruppe der Zulieferteile auch die Gruppen Roh-, Hilfs- und Betriebsstoffe und Investitionsgüter, über die Aussagen gemacht werden. Damit hat eine Ausweitung des Themas stattgefunden, die aus praktischen, aber auch aus theoretischen Erwägungen — wie angedeutet — notwendig wurde und im Untertitel der Arbeit zum Ausdruck kommt.

3. Die räumliche Relevanz industrieller Lieferverflechtungen

3.1 Vorbemerkungen

In diesem Kapitel sollen zwei Aspekte räumlicher Lieferbeziehungen dargestellt werden, die sich unmittelbar aus dem Befragungsmaterial ergeben. Zunächst erfolgt die Auswertung der direkten Fragen nach der Bedeutung der Nähe zu Zulieferern und Abnehmern für das befragte Unternehmen (Fragen 2.1.6 und 2.1.7 sowie 2.2.4 und 2.2.5)[29]).
Diese Fragen tragen rein qualitativen Charakter. Die Antworten sind nur teilweise genügend aufschlußreich. Dadurch erhalten die „ergiebigen" Antworten einzelner durch ihre Wiedergabe ein sehr hohes Gewicht. Der Repräsentationsgrad ist entsprechend gering. Andererseits wird an anderer Stelle gezielter nach einzelnen Faktoren der Nähe gefragt, so daß die Behandlung der Frage nach der Nähe an dieser Stelle eine Art „Vorabüberblick" geben soll. Die Aussagen werden an späterer Stelle z. T. quantitativ erhärtet[30]).

Sodann werden in einem weiteren Abschnitt die Eigenarten von Geschäftsbeziehungen und ihre raumrelevanten Auswirkungen diskutiert. Im Rahmen der Interviews wurde dieser Komplex teilweise ausführlich besprochen, so daß nicht versäumt werden soll, diese manchmal sehr interessanten Ergebnisse aufzuzeichnen. Damit verbunden wird die Auswertung der Frage nach den Gründen für die Auswahl der Lieferanten und ihre Bewertung (Frage 2.1.5).

---

[28]) So I. Petzold, a. a. O., S. 25. Vgl. dort auch weitere Ausführungen begrifflicher Art und Literaturangaben auf S. 13 ff.
[29]) Die im folgenden zitierten Fragen finden sich im Fragebogen, im Anhang IV.
[30]) Vgl. Kapitel 4.

3.2 Die Bedeutung der Nähe zu Lieferanten und Abnehmern
3.2.1 Beschaffungsseite
3.2.1.1 Das Befragungsergebnis

Die in diesem Abschnitt enthaltenen Ergebnisse beruhen im wesentlichen auf dem Material der Befragung nordrhein-westfälischer Industriebetriebe. Da die Befragten sich häufig nicht über den Zulieferbegriff klar waren, müssen die Antworten auch auf die übrigen Lieferungen bezogen werden. Eine Trennung der besonderen Zuliefersituation ist in diesem Kapitel nicht möglich.

Die Frage: „Welche Bedeutung hat für Sie die Nähe zu den Zulieferern?" ist von 168 der 170 in Nordrhein-Westfalen befragten Betriebe beantwortet worden. Nur 2 Betriebe bleiben eine Antwort schuldig. 56 Betriebe (Tabelle 1) messen der Nähe überhaupt keine Bedeutung bei, das ist etwa ein Drittel der befragten Betriebe.

Von den übrigen Untersuchungen zeigt auch die Braunschweiger Auswertung ein geringes Gewicht der Nähe für die Lieferanten. 20 Betriebe bezeichnen sie als bedeutungslos, und von den 16 Betrieben, die den räumlichen Kontakt in gewissem Umfang positiv bewerten, geben nur 5 an, daß die Nähe der Lieferanten für sie eine große Bedeutung habe. Dabei handelt es sich um einen elektrotechnischen Betrieb, drei Gießereien und einen Betrieb der Musikinstrumentenindustrie.

Dieses *Zwischenergebnis* aufgrund weniger Daten stützt die *Hypothese, daß räumliche Nähe zur Erleichterung des Lieferaustausches zwischen Industriebetrieben unbedeutend ist.*

Regional gesehen differieren die nordrhein-westfälischen Ergebnisse jedoch. Von den 46 untersuchten Betrieben des Aachener Raumes beurteilen 21 die Nähe als völlig unbedeutend. Ähnliche Proportionen ergeben sich für die Kammerbezirke Solingen und Wuppertal. Dagegen sehen nur vereinzelte Betriebe in den Regionen Arnsberg und Dortmund die Nähe als nicht relevant an, in Arnsberg 3 von 29 befragten und in Dortmund 6 von 44.

Die geringe Zahl der Befragungen in jeder Branche einer Region läßt keine Schlüsse darüber zu, ob die Unterschiede durch Branchenbesonderheiten erklärt werden können. Es muß einer anderen Untersuchung vorbehalten bleiben, einen höheren diesbezüglichen Repräsentationsgrad zu erreichen. Sehr wahrscheinlich sprechen die Ergebnisse aber für Gründe, die in der regionalen Verteilung der Interviewten liegen. Die Bezirke Dortmund und vor allem Arnsberg befinden sich am Rande bzw. schon abseits der großen industriellen Ballungen. Hier wird für viele Unternehmen die Randlage negativ spürbar, weshalb die Nähe entsprechend den Befragungsergebnissen hoch bewertet wird. Ähnliches gilt auch für den Hamburger Handelskammerbezirk. Dort bezeichneten auch nur 4 von den 23 Befragten die Nähe als ohne Bedeutung (Tabelle 61).

Anders dagegen in den Räumen Solingen, Wuppertal und auch Aachen. Aachen ist zwar peripherer Raum, scheint aber aufgrund seines eigenen Industriepotentials und der Nähe zur Rheinschiene und dem Ruhrgebiet für viele Unternehmen keine erheblichen Entfernungsprobleme zu bieten.

Solingen und Wuppertal liegen dagegen zentral. Sie sind darüber hinaus typische Zulieferregionen, deren Abnehmerkreis über die ganze BRD (und das Ausland) gestreut ist. Solche typischen Zulieferregionen, in denen Zulieferer massiert auftreten, gibt es mehrere in der BRD. Ihr Vorteil ist es, daß sie aufgrund ihres guten Rufes für Qualität und Leistungsfähigkeit eine weitreichende Ausstrahlungskraft besitzen. Das gilt für die Kreise Solingen und Wuppertal wie für das Bergische Land überhaupt, weshalb der Faktor Nähe öfter als unbedeutsam empfunden wird als etwa im Arnsberger Raum.

Diese Ergebnisse lassen sich zusammenfassend wie folgt interpretieren: *Die Bedeutung der Nähe eines Abnehmers von seinen Lieferanten wird regional unterschiedlich gesehen.*

Relativ isoliert liegende Unternehmen werden sich der Bedeutung der Nähe eher bewußt als solche, die ihren Standort „zentral" haben[31]).

3.2.1.2 Eine Zulieferregion — Das Bergische Land

Die besondere Situation von Zulieferregionen sei am Beispiel des Bergischen Landes kurz beschrieben. Die Textil- und Bekleidungsindustrie hat ihren Ursprung in der Garnbleicherei im Tal der Wupper, die Eisen- und Metallverarbeitung ihren in der Werkzeugindustrie, die seit dem 15. Jahrhundert im Wuppertaler Raum angesiedelt ist. Schon früh entwickelt sich im Tal der Wupper die Schmalweberei und Flechterei (Barmer Litzen). Später wird die Kabelindustrie angezogen, weil die Kabel umsponnen werden müssen. Noch später geht man zur Gummiverarbeitung über als der Schmalweberei verwandten Tätigkeit (Herstellung von Gummibändern). Die aufkommende Chemieindustrie liefert Viskosekunstfäden hauptsächlich an die Flechter und Bandweber. Auch die Breitweberei faßt Fuß und daran anschließend die Textilveredelung und Bekleidungsindustrie. Selbst Hersteller von Fetten siedeln sich an, weil die Textilfäden gefettet werden müssen.

Für die Bekleidungsindustrie entwickelt sich wiederum die Metallindustrie als Zulieferer (Haken, Ösen).

Dieser Raum hat sich also bereits in historischer Zeit auf Zulieferungen spezialisiert. Die Tradition allein qualifiziert einen Raum allerdings noch nicht, wenngleich das Beharrungsvermögen erheblich sein kann: Werkstatt, Betrieb, handwerkliches Können und technisches Wissen werden in der Familie weitergegeben. Einmal bestehende Produktionsanlagen wollen genutzt werden.

Daneben hat sich vor allem auch die Nähe zum rheinisch-westfälischen Industriegebiet positiv ausgewirkt. Die Schloß- und Beschlagindustrie in Velbert liefert an die westfälische Möbelindustrie im Sauerland, nach Herford und Detmold.

Das Erstarken des nahen Rhein-Ruhr-Gebietes in historischer Zeit scheint für die Zulieferindustrie von Vorteil, zumindest nicht von Nachteil gewesen zu sein. Dagegen wanderten manche zentralen Dienste in die neuen Metropolen ab. So war Wuppertal lange Zeit Zentrum des Textilgroßhandels, der aber nach dem Ersten Weltkrieg in andere Städte zog.

Sehr deutlich werden am Bergischen Land die Agglomerationsersparnisse. Ein Facharbeiterreservoir zieht neue Unternehmer an. Aus den vorhandenen Betrieben springen fähige Meister oder Facharbeiter ab und machen sich selbständig, wobei sie häufig zunächst als Zulieferer für den alten Betrieb arbeiten[32]). Besonders charakteristisch sind jedoch die Produktionsverflechtungen, wie sie anfangs kurz geschildert wurden, daß nämlich der eine Industriezweig die Grundlage für die nachfolgende Verarbeitungsstufe abgibt und sich zahlreiche Zulieferer hierum gruppieren.

Ein großer Teil der Zulieferindustrien in solch typischen Zulieferregionen und teilweise die Regionen selbst sind im Laufe der Zeit zum Inbegriff für Qualitätszulieferteile geworden. Dadurch wird ein Absatz weit über die Regionsgrenzen möglich, der für viele Lieferanten und Bezieher die Bedeutung der Nähe verblassen läßt.

3.2.1.3 Gründe für eine positive Beurteilung der Nähe

Aus den Antworten der Betriebe, die die Nähe betont positiv einschätzen, wird genauer ersichtlich, warum das der Fall ist (Tabelle 1). Die Bedeutung der Lieferantennähe

---

[31]) Ähnlich auch H. BREDE: Bestimmungsfaktoren industrieller Standorte. Eine empirische Untersuchung, Diss. Frankfurt 1970, Manuskript S. 206 f.
[32]) Vgl. B. HUFSCHMID: Die Standortorientierung der Düsseldorfer Eisenindustrie, Diss. 1940. Hier werden für andere Regionen ähnliche Entwicklungen festgestellt.

Tabelle 1: Zusammenstellung der Antworten zu Frage 2.1.6:

Welche Bedeutung hat für Sie die Nähe zu den Zulieferern?*)

Zahl der Nennungen**) in den IHK-Bezirken

Bedeutung	Aachen	Arnsberg	Dortmund	Remscheid	Solingen	Wuppertal	insgesamt absolut	insgesamt in %
Kontakte, persönliche und technische	16	17	16	6	2	8	65	28,0
Abwicklung, schnelle und zuverlässige	7	3	7	4	—	6	27	11,6
Lieferzeiten, geringe	—	5	13	3	2	2	25	10,7
Kosten (Fracht, Kommunikation, Reisen)	15	16	16	4	3	4	58	24,9
keine	21	3	6	5	9	12	56	24,0
ohne Antwort	1	—	—	—	—	1	2	0,8
insgesamt	60	44	58	22	16	33	233	100,0

*) Die Beantwortung der Frage konnte nicht auf die Zulieferer beschränkt werden; sie umfaßt alle Lieferanten unter besonderer Berücksichtigung der Zulieferer.

**) Bei dieser und den folgenden Tabellen ist zu beachten, daß die jeweils zeilenweise und spaltenweise aufaddierten Nennungen nicht gleich der Anzahl der befragten Betriebe sind. Durch Mehrfachnennungen ergibt sich durchweg eine größere Gesamtsumme der Nennungen. Beispielsweise werden in Tabelle 7 für einen Betrieb genannt „nächste Umgebung" und „restliche BRD", und das vielleicht für alle vier bezogenen Produktarten. Die Folge ist, daß sowohl die Spaltensummen als auch die Zeilensummen größer sein müssen als die Zahl der befragten Betriebe. Diese ergibt sich aus dem zugehörigen Text.

liegt erstens in der Möglichkeit, durch persönliche und technische Kontakte eine fruchtbare Zusammenarbeit mit den Lieferanten zu gewährleisten (65 Nennungen für Nordrhein-Westfalen). Weiterhin sparen diese Betriebe bei naheliegenden Lieferanten Kosten für den Gütertransport, für teure Telefongespräche und aufwendige Reisen ein (58 Nennungen). Und drittens wird die schnelle und zuverlässige Abwicklung der Lieferantengeschäfte unter Einhaltung kurzer Lieferzeiten wesentlich erleichtert (27 + 25 Nennungen).

Ergänzt werden diese Ausführungen durch die Aussagen der Hamburger Befragung. Danach bietet die Nähe zu den Lieferanten folgende Vorteile: Möglichkeit zum kurzfristigen Disponieren, Einsparungen an Lagerhaltungskosten, dadurch geringere Kapitalbindung. Kurzfristiges Disponieren wird möglich durch kurze Transportzeiten, die man durch persönliche Kontaktnahme (d. h. unter Umständen durch Bestechen des Lieferanten mit diversen Zuwendungen) direkt beeinflussen kann.

Darüber hinaus bietet die Nähe von Zulieferanten die Möglichkeit einer schnellen Abstimmung technischer Einzelheiten der zu beziehenden Teile, was besonders wichtig ist, wenn der Betrieb nicht in Serie fertigt bzw. häufig Neukonstruktionen (Entwicklungsarbeit) durchzuführen sind. Technische Details sind insbesondere bei Gußteilen abzusprechen und beim Bezug solcher Teile, deren technischer Entwicklungsgrad sich laufend ändert, wie z. B. bei elektrischen, elektronischen und hydraulischen Teilen. Schließlich sollten „Kleinteile" stets zur Stelle sein, damit die Serienfertigung nicht unterbrochen wird.

Innerhalb der befragten Branchen legt die Gießereiindustrie (vor allem Eisenguß) eindeutig großen Wert auf Nähe. Die Transportkosten schlagen erheblich zu Buch. Außerdem ist aus technisch-konstruktiven Gründen eine räumlich enge Nachbarschaft zum Abnehmer und Auftraggeber wünschenswert. Dagegen können zwischen den Betrieben der übrigen Branchen keine deutlichen Unterschiede im Hinblick auf die Bewertung der Lieferantennähe festgestellt werden.

Der zitierte österreichische „Standortfaktorenkatalog"[33]) erwähnt für die Gießereiindustrie ebenfalls die „große Bedeutung" „örtlicher Kontakte" für Abnehmer und Lieferanten.

Aus der Vielzahl spezifischer Einzelgründe läßt sich ein Merkmal herauskristallisieren, das allen gemeinsam ist: Es handelt sich in allen Fällen um Kostenüberlegungen, die den Transport von Gütern und Informationen betreffen, also um Transport- und Kommunikationskosten. Dabei spielt der Zeitfaktor als Kostenfaktor eine wichtige Rolle (z. B. kurze Lieferzeiten, schnelle und zuverlässige Abwicklung der Geschäfte, Einsparung von Lagerhaltungskosten). Die eigentlichen Transportkosten von Gütern, die in der traditionellen Standortlehre noch eine Schlüsselstellung einnehmen, treten hier bei der verarbeitenden Industrie gegenüber den Kommunikationskosten stark zurück. Als Ergebnis ist festzuhalten, daß die *Begründung der positiven Beurteilung der Nähe vor allem durch Kommunikationskosten erfolgt und nur noch gelegentlich durch Transportkosten.*

3.2.1.4 Zeitlicher Wandel in der Beurteilung der Nähe

Die Vorstellungen von den Vorteilen der Nähe zwischen einem Industriebetrieb und seinen Zulieferern hat sich gegenüber früheren Jahrzehnten gewandelt. Die moderne Verkehrsentwicklung, neue Kommunikationsmittel und verbesserte Infrastrukturen haben die zur Überwindung der Entfernungen benötigten Kosten stark herabgesetzt.

Hat die Nähe zu den Lieferanten aber auch zu verschiedenen Zeiten ein anderes Gewicht gehabt und könnte sich das in der Zukunft ändern? (Frage 2.1.7) Zwei Drittel aller befragten Betriebe beantworteten diese Frage mit „Nein". Für diese Betriebe hat die

---

[33]) Vgl. Anm. 6.

Tabelle 2: Zusammenstellung der Antworten zu Frage 2.1.7:

Hat die Nähe zu den Zulieferern zu verschiedenen Zeiten ein anderes Gewicht gehabt und könnte sich das in Zukunft ändern?*)

Zahl der Nennungen**) in den IHK-Bezirken

Antworten	Aachen	Arnsberg	Dortmund	Remscheid	Solingen	Wuppertal	insgesamt absolut	insgesamt in %
ja	4	2	4	—	—	—	10	6,0
konjunkturabhängig	—	13	19	—	—	—	32	19,3
vielleicht	3	—	1	—	—	—	4	2,4
nein	32	16	17	10	12	23	110	66,3
ohne Antwort	2	—	3	3	1	1	10	6,0
insgesamt	41	31	44	13	13	24	166	100,0

*) Die Beantwortung der Frage konnte nicht auf die Zulieferer beschränkt werden; sie umfaßt alle Lieferanten unter besonderer Berücksichtigung der Zulieferer.

**) Vgl. Tabelle 1, Anm. **).

Lieferantennähe entweder nie eine Rolle gespielt oder ihr Gewicht hat sich im Laufe der Jahre nicht geändert und wird voraussichtlich auch in Zukunft keine Änderung erfahren (Tabelle 2).

Für den größten Teil der restlichen Befragten (20 %) hat die Nähe zu verschiedenen Zeiten ein anderes Gewicht gehabt. In Zeiten des Konjunkturrückganges (z. B. Rezession 1967) verliert die Lieferantennähe an Gewicht, da die Betriebe versuchen, viele der bisher bezogenen Teile in eigener Regie zu fertigen, um die leerstehenden Kapazitäten auszunutzen[34]).

Die Frage nach dem zeitlichen Wandel ist ähnlich global beantwortet, wie sie gestellt worden ist, d. h. vorwiegend mit „Nein" oder auch „Ja". Es kann vermutet werden, daß sich die Befragten über die Einzelheiten und Besonderheiten der zeitlichen Entwicklung kaum genügend erinnern und sicherlich auch, durch die zeitliche Beschränkung des Interviews bedingt, nicht ausreichend informieren konnten. Die einzige Spezifizierung ergibt sich in der Relevanz konjunktureller Bewegung. Bei allgemein günstiger Konjunktursituation werden verstärkt Zulieferanten für die Produktion herangezogen. Die diesbezüglichen Antworten lassen sich hypothetisch dahin gehend interpretieren, *daß die aus der Lieferantennähe resultierenden Fühlungsvorteile in der Hochkonjunktur höher eingeschätzt werden, da die Zeit zu einem ausgesprochenen Engpaßfaktor wird, dem durch die Vorteile der Nähe entgegengewirkt werden kann*[35]).

3.2.2 Absatzseite

3.2.2.1 Das Befragungsergebnis

Welche Bedeutung hat nun die Nähe der Abnehmer für die befragten Industriebetriebe? (Frage 2.2.4) Diese Frage wurde wiederum von fast allen Betrieben (164) beantwortet (Tabelle 3). Für rd. 50 % aller in Nordrhein-Westfalen Befragten spielt die Abnehmernähe keine Rolle. Sie liefern ihre Produkte überall dorthin, wo ein Bedarf nach ihren Erzeugnissen vorhanden ist. Die andere Hälfte der befragten Firmen sieht in persönlichen und technischen Kontakten (48 Nennungen) und Kosteneinsparungen bei Frachten, Kommunikation und Reisen (52 Nennungen) wesentliche Vorteile einer engen Fühlung mit ihren Abnehmern.

Kurze Lieferzeiten (8 Nennungen) sind auf der Absatzseite von geringerer Bedeutung als bei der Beschaffung.

Regionale und branchenmäßige Unterschiede der Ergebnisse sind mit dem Befragungsmaterial nicht eindeutig nachweisbar.

Aus der Hamburger Untersuchung beleuchten außerdem noch folgende Antworten das Entfernungsproblem Hersteller—Abnehmer: Notwendige enge Zusammenarbeit, insbesondere bei Neukonstruktionen der Abnehmer. Bei den Investitionsgüterherstellern liegen die Vorteile der Abnehmernähe in den sich ermäßigenden Wartungs- und Reparaturkosten und dem prompten Kundenservice. Ferner ermöglicht es die Abnehmernähe, daß auch Beschäftigte in „mittlerer Stellung" einmal Rückfragen bei den Abnehmern klären können. Bei entfernten Abnehmern geht das nicht so einfach, da entsprechende Ferngespräche nur nach „Genehmigung von oben" geführt werden dürfen. In einem Fall kann sich der befragte Betrieb nur bei Abnehmernähe über die ständig unterschiedlichen Qualitätsanforderungen informieren (über Anforderungen der Werften an seewasserfeste und säurefeste Farben).

---

[34]) Zur Frage Eigenfertigung oder Zukaufen in verschiedenen Konjunkturphasen vergl. H. GROSS: Selber machen oder kaufen? Erweiterte deutsche Bearbeitung von WOLFGANG MÄNNEL, München 1969.

[35]) Vgl. auch unten Abschnitt 3.2.2.2.

Tabelle 3: *Zusammenstellung der Antworten zu Frage 2.2.4:*

Welche Bedeutung hat für Sie die Nähe zu Ihren Abnehmern?

Zahl der Nennungen*) in den IHK-Bezirken

Bedeutung	Aachen	Arnsberg	Dortmund	Remscheid	Solingen	Wuppertal	insgesamt absolut	insgesamt in %
Kontakte, persönliche und technische	19	13	13	—	3	—	48	24,4
Abwicklung, schnelle und zuverlässige	—	—	—	—	—	—	—	0,0
Lieferzeiten, geringe	—	1	7	—	—	—	8	4,1
Kosten (Fracht, Kommunikation, Reisen)	22	14	13	—	3	—	52	26,4
keine	16	9	14	13	9	22	83	42,1
ohne Antwort	4	—	—	—	—	2	6	3,0
insgesamt	61	37	47	13	15	24	197	100,0

*) Vgl. Tabelle 1, Anm. **).

Im Industrie- und Handelskammerbezirk Braunschweig beurteilen 16 von 32 Betrieben die räumliche Nähe auf der Absatzseite als unwesentlich. Von den 18 Betrieben, die ihr jedoch eine gewisse Bedeutung beimessen, bezeichnen sie 14 als „von großer Bedeutung". Hierzu zählen der Maschinenbau (2 Nennungen), Elektrotechnik (1 Nennung), Kunststoff verarbeitende Industrie (3 Nennungen), Gießereien (3 Nennungen), Optik (1 Nennung), EBM-Industrie (3 Nennungen) und Diverse (1 Nennung). Insgesamt sehen von 32 Betrieben, die zu dieser Frage eine Angabe machen konnten, 14 Betriebe die räumliche Nähe zu den Lieferanten und den Abnehmern als „die Standortwahl beeinflussend" an, während 18 Betriebe meinten, daß den Lieferverflechtungen bei der Standortwahl kein Einfluß zugekommen sei. Die 14 Betriebe sind weitgehend identisch mit denjenigen Branchen, die die räumliche Nähe der Abnehmer hoch eingeschätzt haben. Eine gewisse Gewichtung dieser Angaben erlaubt ein Vergleich mit dem Gründungsjahr der Betriebe.

Wie aus Tabelle 65 hervorgeht, wurden die befragten Betriebe überwiegend in der Vorkriegszeit gegründet. Nur 12 der 38 Betriebe siedelten sich nach 1945 an. 2 dieser neugegründeten Betriebe räumen den Standorten ihrer Abnehmer einen Einfluß bei der Standortwahl ein. Darin kann eine gewisse Bestätigung dafür gesehen werden, daß in früheren Zeiten eben die Verkehrsverhältnisse bedeutsamer waren und deshalb den Lieferverflechtungen bei der Standortwahl, also in der Vorkriegszeit, eine größere Bedeutung beizulegen war, als es heute bei den wesentlich besseren Verkehrsverhältnissen der Fall ist. Von den neugegründeten Betrieben werden als Gründe genannt: geeignetes Gelände (1 Nennung), andere Gründe wie Zufall, Heirat, Lokalpatriotismus (6 Nennungen).

Von den 14 Betrieben, die im Braunschweiger Raum die Nähe hoch einschätzen, gehören drei der Gießereibranche an, für die damit wieder die Rolle des Fühlungsvorteils Nähe sichtbar wird. 3 Nennungen erfolgen aber auch im Sektor Kunststoffverarbeitende Industrie. Der zitierte österreichische „Standortfaktorenkatalog" gibt „örtliche Kontakte" zu Abnehmern und ebenfalls zu Lieferanten dagegen als „unbedeutend" an. Daran wird deutlich, *daß Globalbeurteilungen einzelner Industriebranchen hinsichtlich bestimmter externer Effekte wegen der diesbezüglichen Heterogenität der Branchen nicht ohne nähere Erläuterungen und Einschränkungen erfolgen sollten. Gerade die Abweichungen und Sonderheiten sind meist regionalpolitisch relevant.*

Für die EBM-Industrie stellt der „Standortfaktorenkatalog" die Nähe für die meisten Produkte als unbedeutend fest, während bei einigen eine „geringe Bedeutung" zu den Abnehmern (und auch Lieferanten) gegeben sein kann. Eine „große Bedeutung" wie in der Braunschweiger Untersuchung wird aber nicht festgestellt, so daß wiederum dieselben Folgerungen gezogen werden müssen, wie oben bei der kunststoffverarbeitenden Industrie.

3.2.2.2 Zeitlicher Wandel in der Beurteilung der Nähe

Auf die Frage nach einer unterschiedlichen Gewichtung der Abnehmernähe zu verschiedenen Zeiten (Frage 2.2.5) geben rd. 75 % aller Befragten in Nordrhein-Westfalen an, daß sich ihre Bewertung der Abnehmernähe im Laufe der Jahre nicht geändert habe. Rd. 20 % sehen konjunkturelle Einflüsse als relevant an (Tabelle 4).

3.2.3 Die Reichweiten industrieller Lieferverflechtungen: Nahbereich und Fernbereich

Für die Reichweiten der industriellen Lieferungen lassen die bisherigen Befragungsergebnisse schon erkennen, daß — ganz grob gerechnet — etwa die Hälfte der befragten Unternehmen bemüht ist, den Bedarf an Vor- und Zulieferungen mit Erzeugnissen aus dem Nahbereich des Unternehmens zu decken und den Nahbereich mit seinen Produkten zu versorgen.

Tabelle 4: Zusammenstellung der Antworten zu Frage 2.2.5:

Hat die Nähe zu den Abnehmern zu verschiedenen Zeiten ein unterschiedliches Gewicht gehabt und könnte sich das in Zukunft ändern?

Zahl der Nennungen*) in den IHK-Bezirken

Antworten	Aachen	Arnsberg	Dortmund	Remscheid	Solingen	Wuppertal	insgesamt absolut	insgesamt in %
ja	—	3	1	—	—	—	4	2,4
konjunkturabhängig	—	1	6	—	—	—	7	4,3
vielleicht	9	—	—	—	—	—	9	5,5
nein	22	22	31	13	13	22	123	75,0
ohne Antwort	9	4	6	—	1	1	21	12,8
insgesamt	40	30	44	13	14	23	164	100,0

*) Vgl. Tabelle 1, Anm. **)

Diesem Bemühen steht die Tatsache gegenüber, daß einerseits nicht alle für die Produktion notwendigen Güter und Leistungen im Nahbereich verfügbar sind, und andererseits nicht alle hergestellten Produkte in der näheren Umgebung des Fertigungsbetriebes abgesetzt werden können. Der Fernbereich eines Betriebes wird auf diese Weise zwangsläufig als Beschaffungs- und Absatzgebiet relevant.

Eine volle oder auch nur teilweise Autarkie einzelner Regionen ist in einer Volkswirtschaft mit hochgradig fachlicher und regionaler Arbeitsteilung nicht möglich.

3.3 Geschäftsbeziehungen

3.3.1 Allgemeine Voraussetzungen

In diesem Kapitel werden einige Erfahrungen der Interviewer wiedergegeben. Die Erkenntnisse sind also nicht unmittelbares Ergebnis der Fragen des Fragebogens und daher auch nicht quantifizierbar oder repräsentativ. Sie gestatten aber aufschlußreiche Einblicke in das auch räumlich relevante Verhalten in den Geschäftsbeziehungen der Zulieferer und Abnehmer. Diese Aussagen über das Verhalten der Geschäftspartner werden ergänzt durch die Auswertung der Antworten zu den Gründen für die Auswahl der Lieferanten (Frage 2.1.5).

Bei der Befragung der Betriebe im Aachener Wirtschaftsraum war zu erkennen, daß vorwiegend die großen Handwerksbetriebe und mittleren Industriefirmen als Lieferanten für die untersuchten Unternehmen in Betracht kommen, während die kleinen Handwerksfirmen und die Großunternehmen selten zu Lieferungen herangezogen werden. Diese Tendenz mag auf die Verhaltensweisen beider Geschäftspartner zurückzuführen sein. Von den beschaffenden Industriebetrieben wird eine gewisse Mindestgröße der Lieferanten vorausgesetzt, um die Industrieaufträge überhaupt bearbeiten zu können. Außerdem produzieren viele Großbetriebe Endprodukte (z. B. Investitionsgüter der Maschinenbaubranche) und kommen deshalb als Zulieferer für die laufende Produktion anderer Firmen nicht in Betracht.

Weiterhin sind den Einkäufern die Standorte der mittleren Lieferantenbetriebe in der näheren Umgebung bekannt, und in den weiter entfernten Gebieten werden sie bei der Erkundung neuer Bezugsquellen eher aufgespürt als die kleinen Handwerksbetriebe, zumal deren Absatzwerbung sich meistens nur auf persönliche Verbindungen stützt und die regionalen Grenzen in der Regel kaum überspringt.

Es ist daher für alle Betriebe, die Lieferanten von Industrieunternehmen werden wollen, notwendig, über ausreichende Kapazitäten zu verfügen und sich absatzaktiv zu verhalten[36]). Da der Anstoß für eine Geschäftsverbindung in den meisten Fällen von den Beschaffungsstellen der Industriebetriebe ausgeht, müssen die Zulieferanten weithin bekannt und wegen ihrer Qualität anerkannt sein.

Die Anbahnung der Geschäftsbeziehungen vollzieht sich häufig so, daß dem neuen Lieferanten ein kleiner Probeauftrag erteilt wird. Treffen sich die Preisvorstellungen beider Partner, liefert der Zulieferer die gewünschte Qualität und werden die vereinbarten Termine nicht überschritten, so wird der Lieferant in die Liste der in Betracht kommenden Lieferanten eingereiht. Der Einkäufer des beschaffenden Unternehmens ist bemüht, Alternativen zu schaffen, und er fordert in der Regel zwei bis drei Betriebe auf, zur Probe zu liefern.

---

[36]) Vgl. E. SUNDHOFF: Absatzorganisation, Reihe: Die Wirtschaftswissenschaften, hrsg. v. E. GUTENBERG, Wiesbaden 1958, S. 52.

Eine Anzahl kleinerer Betriebe äußerte bei der Befragung ihren Unmut darüber, daß oft auch nach mehrmaligen Angeboten keine umfangreicheren Bestellungen erfolgten. Sie waren deshalb auch nicht bereit, ihre Kosten und Preise auf der Basis einer vielleicht später zu erwartenden größeren Serie zu kalkulieren. Inwieweit diese Verhaltensweise in konjunkturell schlechten Zeiten beibehalten wird, war nicht festzustellen.

Im Rahmen dieser Industriebefragung liegen Antworten von Einkäufern vor, daß Aufträge auf fester Vertrauensbasis über Jahre hinaus immer an die gleichen Lieferanten vergeben werden, teilweise ohne vorherige Preisvereinbarungen. Überhaupt scheint die Lieferantenfluktuation gering zu sein, da die meisten Befragten an ihren Hauptlieferanten festhalten.

Die Einkäufer orientieren sich vielleicht deshalb von Zeit zu Zeit an den neuen Beschaffungspreisen der Probeaufträge, die an andere Lieferanten vergeben wurden.

Welche Gründe im einzelnen in der Mehrzahl der Fälle die Auswahl der Lieferanten bestimmen, wird im folgenden erörtert.

3.3.2 Gründe für die Auswahl der Lieferanten

Die Industriebefragung in den sechs IHK-Bezirken des Landes Nordrhein-Westfalen macht deutlich, daß etwa fünf Gründe bei der Auswahl der Lieferanten maßgebend sind. Insgesamt liegen 710 Nennungen (Tabelle 5) aus der Erhebung vor. Rd. 90 % aller Nennungen fallen auf die folgenden fünf Auswahlgründe:

1. Qualität   26,6 % aller Nennungen,
2. Preis   25,8 % aller Nennungen,
3. Zuverlässigkeit der Lieferung   20,7 % aller Nennungen,
4. Lieferantennähe   8,2 % aller Nennungen,
5. Transportkosten   7,5 % aller Nennungen.

Als weitere Gründe wurden genannt: persönliche Beziehungen, Tradition, unternehmenspolitische Überlegungen, Bevorzugung des Inlands als Beschaffungsgebiet und sonstige Gründe.

Wie die Befragungsergebnisse sofort erkennen lassen, bestimmen die Qualität der Erzeugnisse, ihre Preiswürdigkeit und die Zuverlässigkeit des Lieferanten eindeutig die Auswahl. Die Nähe der Lieferanten und die Kosten, die bei der Lieferung der Sachgüter durch den Transport verursacht werden, sind von untergeordneter Bedeutung.

Für Nordrhein-Westfalen zeigt Tabelle 5, daß die Liefenantennähe noch vor den Transportkosten rangiert. Das gilt ebenso für den Raum Mannheim (Tabelle 6). Das kann wiederum als Indiz für die größere Bedeutung der Kommunikationskosten gegenüber den Gütertransportkosten angesehen werden. Erhärtet wird diese Behauptung durch die Werte für die Kammerbezirke Hamburg und Braunschweig in Tabelle 6. Dort sind unter die Transportkosten zusätzlich die „Kontaktmöglichkeiten" subsummiert worden, was zu mehr Nennungen führt als bei dem Grund „Nähe", unter dem die Kommunikation entsprechend ausgeklammert ist.

Da die relative Häufigkeit der Nennung einzelner Auswahlgründe nicht unbedingt die wirklichen Verhältnisse wiedergeben muß, wurde bei der Befragung eine *Bewertung der Gründe* in einer Rangfolge vorgenommen. Die Zusammenstellung des Erhebungsmaterials für Nordrhein-Westfalen in Tabelle 5 zeigt, daß den fünf Gründen Qualität, Preis, Zuverlässigkeit der Lieferung, Lieferantennähe und Transportkosten die höchsten Stellenwerte zukommen.

Im einzelnen wird die Qualität am häufigsten an erster Stelle genannt. Auf Platz 2 und 3 folgen Preis und Zuverlässigkeit der Lieferung. An zweiter Stelle erhält die Zuver-

Tabelle 5: *Gründe für die Auswahl der Zulieferer*) und Rangfolge der Gründe in den IHK-Bezirken Aachen, Arnsberg, Dortmund**), Remscheid, Solingen und Wuppertal insgesamt*

Gründe/Rangfolge	1. St.	2. St.	3. St.	4. St.	5. St.	ohne	insgesamt absolut	in %
Qualität	103	31	3	—	—	52	189	26,6
Preis	88	32	12	3	—	48	183	25,8
Zuverlässigkeit der Lieferung	21	48	44	2	—	32	147	20,7
Lieferantennähe	—	9	14	17	6	12	58	8,2
Transportkosten	2	7	10	13	9	12	53	7,4
Persönliche Beziehungen	1	3	4	11	1	4	24	3,4
Tradition	—	3	8	4	1	3	19	2,7
Unternehmenspolitik	2	—	1	2	2	10	17	2,4
Inland	—	—	2	1	3	6	12	1,7
Sonstige Gründe	3	—	3	—	1	1	8	1,1
insgesamt	220	133	101	53	23	180	710	100

Zahl der Nennungen***)

*) Bei der Befragung konnten die Fragen nicht auf die Zulieferer beschränkt werden. Sie umfassen daher alle Lieferanten unter besonderer Berücksichtigung der Zulieferer.

**) Für die Auswertung wurden zusätzlich noch 43 beantwortete Fragebögen des Regioplan-Instituts für Strukturanalyse, Orts- und Regionalplanung, Berlin 1968, herangezogen.

***) Vgl. Tabelle 1, Anm. **).

lässigkeit die meisten Nennungen. Das gilt ebenso für die dritte Stelle, an der jetzt aber erstmals die Nähe mit der zweithäufigsten Zahl der Nennungen rangiert. Es wird hieran deutlich, wie *eng vor allem der Zusammenhang zwischen Qualität, Preis und Lieferantenzuverlässigkeit ist.* In den meisten Gesprächen entstand der Eindruck, daß *diese drei Gründe nicht zu trennen sind und keinem der Vorrang bei der Auswahl der Lieferanten gebührt.*

Die Nähe zu den Lieferanten erscheint erst an vierter Stelle mit der häufigsten Zahl der Nennungen und wird mit diesem Stellenwert erst entscheidend für die Beschaffungspolitik der befragten Unternehmen. Dieses Ergebnis ist im Zusammenhang mit der Frage nach der Bedeutung der Lieferantennähe des vorhergehenden Abschnittes (3.2) zu sehen, um nicht dem Trugschluß zu erliegen, daß die Einkäufer ihre Entscheidungen in erster Linie unter dem Aspekt der Fühlungsvorteile, nämlich der Nähe und von Transportkostenüberlegungen, treffen. Es sind vielmehr Gründe ausschlaggebend, die von den unternehmerischen Fähigkeiten der Lieferanten abhängen. *Nicht räumliche Gegebenheiten bestimmen die Wahl, sondern Qualität, Preis und Zuverlässigkeit.*

Auffallend ist die geringe Nennung sogenannter außerökonomischer Gründe. Das deutet darauf hin, daß diese neben den ökonomisch rationalen Überlegungen wohl nur einen geringen Raum einnehmen. Andererseits ist zu vermuten, daß die Befragten außerökonomische Gründe ungern, zumindest nicht an erster oder zweiter Stelle, angegeben haben. Wahrscheinlich sind nichtrationale Gründe doch etwas häufiger anzutreffen, als die An-

Tabelle 6: *Gründe für die Auswahl der Zulieferer in den Kammerbezirken Hamburg, Braunschweig und Mannheim*

Zahl der Nennungen*)

Gründe	Hamburg	Braunschweig	Mannheim	insgesamt absolut	in %
Preis	23	35	18	76	29,9
Qualität	20	32	17	69	27,2
Zuverlässigkeit der Lieferung	21	22	17	60	23,6
Persönliche Beziehungen	1	1	5	7	2,7
Nähe	4	2	7	13	5,1
Kosten für Transporte und Kontakte	5	7	2	14	5,5
Tradition	3	1	—	4	1,6
Unternehmenspolitische Grundsätze	1	1	—	2	0,8
Zufall	1	1	—	2	0,8
andere Gründe, z. B. Konzernverflechtungen	2	2	3	7	2,7
insgesamt	81	104	69	254	100

*) Vgl. Tabelle 1, Anm. **).

gaben ersichtlich machen[37]). In den persönlichen Gesprächen der Interviewer im Braunschweiger Raum kamen häufig Begründungen zutage wie Tradition, persönliche Beziehungen und unternehmenspolitische Grundsätze[38]), so daß die vorwiegende Nennung von Preis, Qualität und Zuverlässigkeit z. T. auch auf einer nachträglichen Rationalisierung unternehmerischer Entscheidungen beruhen kann.

Die Angaben zur Frage, ob von größeren Industriebetrieben besondere Qualitätsanforderungen gestellt werden, fielen unterschiedlich aus, da die meisten von ihrer qualitativ hochwertigen Arbeit überzeugt sind. Festzustellen ist jedoch, daß die Qualitätsprüfungsstellen der beschaffenden Unternehmen verschiedene Maßstäbe anlegen. Den strengsten Prüfungen müssen sich die Werkstofflieferanten (z. B. Zulieferer von Spezialgußteilen) unterziehen. Bei manchen Leistungsarten erfolgt keine systematische Prüfung, da die Kontrollen zu aufwendig wären. Wie die Gespräche ergaben, ist sich die Mehrzahl der befragten Lieferanten darüber klar, daß die Qualitätskontrollen der Abnehmer mit entscheiden, ob weitere Aufträge erteilt werden oder nicht.

Zur Preisgünstigkeit der Aufträge äußerten sich die Befragten oft „gefühlsmäßig". Ob generell die großen Industriebetriebe ihren Lieferanten die Preise diktieren, scheint zweifelhaft, weil eine Reihe spezialisierter Zulieferanten zugab, einen gewissen Verhandlungsspielraum zu haben.

Was die Zuverlässigkeit der Lieferungen betrifft, so war aus den Gesprächen mit Einkäufern zu entnehmen, daß die Einhaltung von vereinbarten Lieferterminen vor allem in Zeiten der Hochkonjunktur nicht die Regel, sondern die Ausnahme ist und pünktliche Lieferungen daher entsprechend honoriert werden.

[37]) Vgl. hierzu auch Kapitel 5.8.
[38]) Diese Aussage erfolgt aufgrund des Berichtes der Interviewer, nicht aber ergibt sie sich aus Tabelle 6.

Im wesentlichen zu ähnlichen Resultaten führten die Befragungen in den Räumen Hamburg und Mannheim[39]). Eine Ausnahme zeigt allerdings der Hamburger Handelskammerbezirk im Hinblick auf die persönlichen Beziehungen, die hier als Auswahlgrund nur einmal genannt werden. Das macht einen Anteil von 1,2 % an der Gesamtzahl der Nennungen aus, wohingegen es in den untersuchten Räumen Nordrhein-Westfalens immerhin im Durchschnitt 3,4 % sind. Vielleicht ist das ein Zeichen norddeutscher Mentalität, vielleicht aber auch nur Zufall.

Allerdings muß gesagt werden, daß auch im Aachener und Arnsberger Gebiet die persönlichen Beziehungen im Gegensatz zum Bergischen Land unterdurchschnittlich oft genannt werden. Das kann darauf hindeuten, daß sich im Bergischen Land mit seinen vielen traditionsreichen Familienbetrieben persönliche Bindungen noch stärker finden und gehalten haben als in anderen Industriegebieten, in denen die älteren Unternehmen vielleicht Besitzer und Rechtsform geändert haben. Es liegt nahe, aufgrund dieser Überlegung folgende These aufzustellen: *Außerökonomische Gründe für die Auswahl von Zulieferern treten regional bedingt mit unterschiedlichem Gewicht auf.*

3.3.3 Risiken der Geschäftsbeziehung

Die Geschäftsbeziehungen zwischen Auftraggeber und Lieferanten beschränken sich meist wegen einer schnellen Abwicklung der Geschäfte auf ein Minimum von Abmachungen. Allerdings müssen sich die Zulieferer verpflichten, die bestellten Produkte in gewünschter Qualität und zu den vereinbarten Terminen bereitzustellen. Der Auftraggeber will sich vor allem bei Großserien vor Verzögerungen schützen, die durch Ausfall einer Lieferung entstehen können.

Der Auftraggeber hat zwar die Möglichkeit, den Lieferanten mit einer Konventionalstrafe zu belegen, wenn dieser seinen Verpflichtungen nicht nachkommt. Zu diesem Mittel wird in der Praxis aber nur selten gegriffen. Einige Firmen der Industriegruppe Stahl- und Eisenbau, die an Großbauprojekten mit einer Reihe von anderen Firmen bei der Montage beteiligt waren, mußten im Falle des Leistungsverzuges mit Konventionalstrafen rechnen. Aus den Äußerungen der anderen Befragten ist zu schließen, daß es meist vorgezogen wird, den unzuverlässigen Lieferanten fallenzulassen.

Besondere Schwierigkeiten bereitet den kleineren Lieferanten der Zwang, ständig bereitstehen zu müssen, ohne daß ihnen die Auftragserteilung über längere Zeiträume garantiert werden kann. Auf Lager arbeiten diese Betriebe im allgemeinen nicht. Die Abwicklung größerer Aufträge ist so nur unter Schwierigkeiten möglich. Dies gilt um so mehr, als die Auftraggeber die Aufträge oft kurzfristig vergeben. Für die Auftragsausführung wird laut Aussagen einiger Befragter eine durchschnittliche Frist von 3 bis 5 Wochen gewährt.

Noch riskanter werden die Verhältnisse, wenn Lieferanten und besonders Zulieferer keine Diversifikation in ihrem Herstellungsprogramm anstreben und ihre Abnehmer nur einer Industriegruppe angehören. Diversifikation der Produkte, soweit sie kleinen Zulieferern überhaupt möglich ist, und Branchenstreuung bei den Abnehmern wurden von vielen befragten Betrieben als Voraussetzungen für Unabhängigkeit und Krisenfestigkeit der Betriebe genannt. Die Bergbaukrise im Ruhrgebiet hat die Zulieferer auf die Gefahr einer einseitigen Festlegung aufmerksam gemacht. Sie prüfen gewissenhafter die Möglichkeiten der künftigen Beschäftigung innerhalb der belieferten Branchen, um nicht den Folgen einer Krise in vollem Umfang ausgesetzt zu sein.

---

[39]) Vgl. Tabelle 6.

Wie vielseitig das Fertigungsprogramm im Hinblick auf die Branchenstreuung sein soll, läßt sich nicht allgemein beantworten. Die Belastung der Betriebe durch fixe Kosten fällt in der Regel mit der zunehmend einseitigen Ausrichtung der Produktion. Die Kostendegression bei großen Stückzahlen eines Produktes ist auch für kleine Industriebetriebe mit relativ geringen Fixkosten nicht unbedeutend. Es kommt aber nicht ausschließlich darauf an, die Produktionskosten zu minimieren, sondern zugleich ein Optimum an Anpassungsfähigkeit und Unabhängigkeit zu erreichen.

Unter dem Aspekt der Unabhängigkeit ist auch die zeitliche Dauer der Lieferverträge zu sehen. Wie die Befragung ergab, werden am häufigsten Halbjahresverträge abgeschlossen. Nur ein Unternehmen im Aachener Wirtschaftsraum berichtete von langfristigen Lieferverträgen mit den Herstellern von Fahrzeugen. Die Tendenz zu langfristigen Lieferverträgen ist anscheinend in den Industriegruppen vorhanden, in denen ein ständiger Massenbedarf an bestimmten Waren vorliegt.

4. Industrielle Lieferverflechtungen ausgewählter Wirtschaftsräume

4.1 Erhebungsmaterial und Problematik der Interpretation

In diesem Kapitel werden die räumlichen Lieferverflechtungen der untersuchten Regionen näher analysiert und dargestellt. Wie im 3. Kapitel erfolgt auch hier eine gesonderte Zusammenfassung der Teilräume Nordrhein-Westfalens. Entfernungsangaben beschränken sich auf Entfernungsklassen[40]).

Die zusammenfassende Auswertung für Nordrhein-Westfalen ergibt, daß durchschnittlich rd. 75 % aller befragten Betriebe (Tabelle 7) mehr oder weniger detaillierte Angaben zur räumlichen Herkunft ihrer bezogenen Sachgüter machen konnten. Die zugehörigen Tabellen sind so zu lesen, daß die Summe einer Zeile die Zahl der Betriebe enthält, die zur Frage dieser Zeile geantwortet haben. Jeder Betrieb erscheint also immer nur einmal in einer Reihe, und zwar unter der Entfernungsklasse, in die er „überwiegend" liefert bzw. aus der er „überwiegend" bezieht. Dasselbe gilt für den Hamburger Raum. Dagegen enthalten die Tabellen 9, 10, 14 und 15 für die Regionen Braunschweig und Mannheim „Nennungen", d. h., ein Betrieb kann mehrmals in einer Reihe auftreten, wenn er beispielsweise die nähere und weitere Umgebung angegeben hat.

Die Frage nach den räumlichen Lieferverflechtungen auf der Absatzseite der untersuchten Betriebe Nordrhein-Westfalens ist wesentlich weniger zufriedenstellend beantwortet. Nur die Hälfte aller Befragten (rd. 58 %, Tabelle 12) macht nähere Angaben über den Sitz ihrer Abnehmer. Die Frage nach den Standorten der Abnehmer für Zulieferteile und sonstige Produkte (meist Endprodukte und Investitionsgüter) wird gleich häufig beantwortet, so daß auf der Absatzseite keine abweichenden Antwortquoten bei den verschiedenen Leistungsarten festzustellen sind.

Die unterschiedlich häufige Beantwortung der Fragen zu den beschaffungswirtschaftlichen und den absatzwirtschaftlichen Verflechtungen kann vielleicht damit begründet werden, daß viele Gespräche mit Einkäufern geführt wurden, die über die Beschaffungsseite des Unternehmens meist besser als über die Verhältnisse auf der Absatzseite informiert waren. Ein weiterer Grund ist der, daß bei der Befragung über die Zuliefertätigkeit sachbedingt das Schwergewicht auf den Zulieferungen, also der Beschaffungsseite, gelegen hat.

---

[40]) Vgl. Kapitel 2.1.

Darüber hinaus scheint die „regionale Markttransparenz" bei den befragten Betrieben auf der Absatzseite schlechter als auf der Beschaffungsseite zu sein. Ursachen können darin gesehen werden, daß die Unternehmen ihre Lieferanten bewußt auswählen, um damit ihre Kosten und Gewinne zu beeinflussen, um technische Kontakte zu pflegen und wegen der Weiterentwicklung der Produkte. Daher sind die Lieferstandorte eher bekannt. Auch sind Zulieferungen oft stetig sich wiederholend. Dagegen erfolgt der Absatz der hergestellten Produkte an jeden, der kaufen will, weshalb eine Beschäftigung mit der regionalen Verteilung der Abnehmer nicht so wichtig erscheint.

Diesem Kapitel liegen die Antworten auf die Fragen nach Herkunft und Absatz der Zulieferteile, Roh-, Hilfs- und Betriebsstoffe und Investitionsgüter sowie nach der Vergabe und Übernahme von Lohnarbeiten (Fragen 2.1.1 bis 2.1.4 und 2.2.2 bis 2.2.3) zugrunde.

4.2 Verflechtungen auf der Beschaffungsseite

4.2.1 Zulieferer

4.2.1.1 Intra- oder interregionaler Charakter der Zulieferungen?

Ein Überblick über die befragten Teilräume Nordrhein-Westfalens zeigt, daß 17 % der Betriebe, die zu den Lieferverflechtungen auf der Beschaffungsseite eine Antwort gaben, ihre Zulieferteile überwiegend aus der nächsten Umgebung beziehen. 77 % aller Zulieferbeziehungen tragen demgegenüber interregionalen Charakter. Sie sind durch Reichweiten über 30 km Radius gekennzeichnet, und die restlichen 6 % der Betriebe erhalten ihre Zulieferungen überwiegend aus dem Ausland (vgl. Tabelle 7).

Tabelle 7: *Lieferverflechtungen auf der Beschaffungsseite der untersuchten Betriebe in den IHK-Bezirken Aachen, Arnsberg, Dortmund, Remscheid, Solingen und Wuppertal insgesamt*

Von den befragten Betrieben bezogen... Betriebe überwiegend aus der/dem...

	nächsten Umgebung*)	weiteren Umgebung**)	restl. BRD	Ausland	insgesamt***) absolut	in %
Rohstoffe	23	78	45	19	165	32,3
Hilfs- und Betriebsstoffe	52	39	20	—	111	21,6
Zulieferteile	21	45	50	7	123	24,0
Investitionsgüter	7	21	80	5	113	22,1
insgesamt***)	103	183	195	31	512	100

*) Nächste Umgebung = 30 km Umkreis um den Standort des Betriebes.
**) Weitere Umgebung = 100 km Umkreis um den Standort des Betriebes.
***) Vgl. Tabelle 1, Anm. **).

Wenn man trotz der ausgesprochen kleinen Stichprobe speziellere Aussagen machen will, so läßt sich anhand der Daten feststellen, daß der Anteil der Zulieferteile aus nächster Umgebung im Bergischen Raum wesentlich höher ist als in den Räumen Aachen und Arnsberg (vgl. Tabellen 39—50). Das kann die Tatsache erklären, daß das Bergische Land als Zulieferregion sich in viel stärkerem Maße selbst versorgen kann als etwa peripher gelegene Räume wie Aachen und Arnsberg. Nur scheinbar entsteht hierdurch ein Widerspruch zu den Ergebnissen des vorhergehenden Kapitels. Danach wurde die Nähe in Arnsberg als bedeutender angesehen als im Bergischen Raum[41]. Die Erklärung ist, wie erwähnt, die, daß die bergischen Unternehmer den selbstverständlichen Vorteil der Nähe gar nicht mehr bewußt wahrnehmen, während die Randlage Arnsbergs zu den Ballungen den Nachteil dieser Situation spürbar werden läßt.

Der überwiegend interregionale Charakter[42] der Zulieferungen berechtigt zu der Annahme, daß nur die wenigsten Betriebe die nächste Nachbarschaft für intensive Lieferverflechtungen nutzen oder benötigen. Im Zusammenhang mit den Ausführungen über die Bedeutung der Nähe[43] läßt sich die These aufstellen, *daß für Zulieferbetriebe enge räumliche Lieferbeziehungen nicht existenznotwendig sind und daß enge Kontakte von den Zulieferern und Abnehmern auch nicht besonders gesucht werden.* Unterstrichen wird diese These durch die Ergebnisse der Braunschweiger Teiluntersuchung (Tabelle 9). Nur 13 Nennungen fallen auf den 30-km-Radius, 11 auf die weitere Umgebung, 25 auf die restliche BRD und 4 auf das Ausland.

Damit ist ein Nachweis geführt, daß im allgemeinen der engen räumlichen Verbindung von Zulieferern und Abnehmern als Fühlungsvorteil und Agglomerationsvorteil nur eine untergeordnete Bedeutung zukommt.

Ein abweichendes Bild zeigt allerding der Hamburger Raum. Gut über die Hälfte der Betriebe pflegt Zulieferkontakte hauptsächlich innerhalb der engeren Region (Tabelle 8). Offensichtlich bietet Hamburg ein solches Industriepotential bei größerer Entfernung von den anderen industriellen Ballungen der BRD, daß diese engen räumlichen Beziehungen in dem Maße möglich sind. Es dürfte aber auch hier gelten, daß die Nähe genutzt wird, aber in den seltensten Fällen notwendige Bedingung ist.

Tabelle 8: *Lieferverflechtungen auf der Beschaffungsseite der untersuchten Betriebe im HK-Bezirk Hamburg*

Von den untersuchten Betrieben bezogen... Betriebe überwiegend aus der/dem...

	nächsten Umgebung*)	weiteren Umgebung**)	restl. BRD	Ausland	insgesamt ***)
Zulieferteile	11	—	8	1	20
Rohstoffe	12	2	7	1	22
Hilfs- und Betriebsstoffe	19	2	2	—	23
Investitionsgüter	6	1	12	1	20
insgesamt***)	48	5	29	3	85

*) Nächste Umgebung = 30 km Umkreis um den Standort des Betriebes.
**) Weitere Umgebung = 100 km Umkreis um den Standort des Betriebes.
***) Vgl. Tabelle 1, Anm. **).

[41] Vgl. Kapitel 3.2.1.1.
[42] Ähnlich stellt A. GRIEP (Entwicklung, Standort und Absatzmärkte der westdeutschen Automobilindustrie. Diss. Kiel 1955, S. 137) fest, daß die Zulieferer der Automobilindustrie heute über die gesamte Volkswirtschaft verstreut sind.
[43] Vgl. Kapitel 3.2.

Bestätigt wird diese Aussage in der Tendenz auch durch einige persönliche Erfahrungen in einem anderen norddeutschen peripheren Raum, dem Wilhelmshavener[43a]). Durch Demontagen und Produktionsverbote war diese Region nach 1945 Notstandsgebiet geworden. Vor allem zwei größere Unternehmen nutzten den Vorteil der vorhandenen ehemals militärischen Fabrikgebäude und Hallen und der qualifizierten Facharbeiter zur Neugründung.

Der größere Betrieb beschafft für seine Produktion rd. 20 000 Einzelteile, wofür etwa 3 000 Zulieferanten herangezogen werden. Der überwiegende Teil hiervon befindet sich nicht in unmittelbarer Nähe des Werkes. Die Hauptmasse sitzt in den Räumen des Rhein-Ruhr-Gebiets, des Siegerlandes, des Stuttgarter Raumes sowie in Teilen Hessens und

Tabelle 9: *Lieferverflechtungen auf der Beschaffungsseite der untersuchten Betriebe im IHK-Bezirk Braunschweig*

Von den untersuchten Betrieben bezogen... Betriebe aus der/dem...

	nächsten Umgebung*)	weiteren Umgebung**)	restl. BRD	Ausland	insgesamt ***)
Zulieferteile	13	11	25	4	53
Rohstoffe	20	18	30	9	77
Hilfsstoffe	30	23	27	4	84
Inv.-Güter (einschl. Werkzeuge)	24	10	31	11	76
insgesamt***)	87	62	113	28	290

*) Nächste Umgebung = Braunschweig und 30 km Radius.
**) Weitere Umgebung = 100 km Radius um Braunschweig.
***) Vgl. Tabelle 1, Anm. **).

Tabelle 10: *Lieferverflechtungen auf der Beschaffungsseite der untersuchten Betriebe im IHK-Bezirk Mannheim*

Von den untersuchten Betrieben bezogen... Betriebe aus der/dem...

	Mannheim	restl. BRD	Ausland	insgesamt*)
Zulieferteile	4	16	5	25
Investitionsgüter	5	20	5	30
Rohstoffe	4	10	6	20
Hilfs- und Betriebsstoffe	17	9	1	27
insgesamt*)	30	55	17	102

*) Vgl. Tabelle 1, Anm. **).

[43a]) Vgl. hierzu auch A. WENDT: Untersuchung über die Standortsprobleme der Wilhelmshavener Industrieneugründungen nach dem Zweiten Weltkrieg. Diss. Freiburg 1955.

Bayerns. Im Umkreis von etwa 100 km sollen dagegen nur etwa 15 industrielle Zulieferer mit zusammen annähernd 2 000 Beschäftigten existieren, die vorwiegend für den Großbetrieb fertigen. Sie sind teilweise aus schon vorhandenen Handwerksbetrieben hervorgegangen, teilweise aber auch mit Blick auf den Großabnehmer errichtet worden.

Im Prinzip eine ähnliche Situation liegt auch für den zweiten, allerdings wesentlich kleineren Betrieb vor. Abgesehen von einigen wenigen Betrieben, z. B. einer Gießerei, leben nur sehr wenige Zulieferer in nächster Nähe von diesem Abnehmer. Der gesamte norddeutsche und westdeutsche Raum ist Bezugsgebiet, wobei die Mainlinie eine gewissermaßen „natürliche" Lieferantenscheide bildet. Diese Meinung wurde auch von einem Großunternehmen im Düsseldorfer Raum geäußert. In beiden Fällen handelt es sich um Betriebe des Schwermaschinenbaus.

Vergleicht man die Erfahrungen des Wilhelmshavener Raumes mit denen der Hamburger Region, so läßt sich folgende These aufstellen: *Ein einzelnes Unternehmen, selbst von erheblicher Größe (10 000 Beschäftigte) mit einem hohen Bedarf an Zulieferteilen, ist kaum in der Lage, Zulieferbetriebe in größerem Umfang in seine Nähe zu holen.*

Für die Wachstumschancen von Zulieferern ist die räumliche Nähe zu einem oder wenigen Abnehmern weniger entscheidend. Damit wird allerdings noch gar nichts über die Wirkungen der übrigen Agglomerationsvorteile auf die Wachstumschancen einer Zulieferindustrie gesagt. Diese Vorteile können erheblich sein[44]. SPIEGEL bezeichnet die Nähe zu anderen Firmen, mit denen häufiger Kontakte bestehen, als einen der „wichtigsten Agglomerationsvorteile"[45], wobei allerdings ausdrücklich auf *alle* Kontakte abgestellt ist und nicht nur auf die Zulieferkontakte. Bei ihrer Industriebefragung in der Stadt Hannover gelangt die Autorin zu einer Quantifizierung der Arten der Kontakte aufgrund von Nennungen durch die Betriebe, als deren Ergebnis festgehalten wird, daß das verarbeitende Gewerbe „besonders häufig mit Kunden und Zulieferern" verkehrt[46]. Damit ist aber noch nicht gesagt, daß diese Häufigkeit der Zulieferkontakte für die gewerbliche Wirtschaft auch ein solch ausschlaggebender Agglomerationsvorteil ist, daß er die Standortwahl bestimmen oder wenigstens mitbestimmen würde.

4.2.1.2 Nähe zu den Zulieferern und Standortwahl

Eine besondere Frage im Fragebogen: „Hat der Standort Ihrer Abnehmer für die Standortwahl Ihres Betriebes eine Rolle gespielt?" (Frage 2.2.6) zielt in die Richtung, herauszufinden, ob sich Zulieferanten durch einen einzelnen Abnehmer in ihrer Standortwahl beeinflussen lassen. Da hier eine Frage gestellt wurde, die die Gründungszeit betrifft, eine oft weit zurückliegende Zeit, bleibt der Wert der Antworten unsicher. Immerhin zeigt Tabelle 58 für Nordrhein-Westfalen, daß in der weit überwiegenden Zahl der Fälle *die Nähe zum Abnehmer kein ausschlaggebender Standortfaktor gewesen ist.* Nur in 6,5 % der Antworten wird die Frage klar mit „Ja" beantwortet. Dieses Befragungsergebnis stützt die obige These von der geringen Attraktionskraft eines isolierten Unternehmens ab.

Umgekehrt ist nun zu fragen, ob es Beweise oder Beispiele dafür gibt, daß ein einzelner Großabnehmer durch vorhandene Zulieferer in seiner Standortwahl beinflußt worden ist.

---

[44]) So stellt ja auch M. STREIT (a. a. O., S. 57 ff.) oft das Überwiegen der „Agglomerationsvariable" über die „Verflechtungsvariable" fest.
[45]) E. SPIEGEL: Standortverhältnisse und Standorttendenzen in einer Großstadt. Zu einer Untersuchung mittlerer und größerer Betriebe in Hannover. In: Archiv für Kommunalwissenschaften, Jg. 9 (1970), S. 31.
[46]) E. SPIEGEL, a. a. O., S. 33.

Auch hierüber soll eine gezielte Frage im Fragebogen: „Hat der Standort der Zulieferbetriebe für die Standortwahl Ihres Betriebes eine Rolle gespielt?" (Frage 2.1.8) Auskunft geben. Das Ergebnis fällt fast genauso aus. Nur 8 %/o der Antworten sind positiv (vgl. Tabelle 57). D. h., *auch die Abnehmer haben sich in den befragten Fällen nur äußerst selten in ihrer Standortwahl von der Nähe einer Zulieferindustrie leiten lassen.*

Ein interessantes Einzelbeispiel bietet das VW-Werk in Brasilien. Der Standort São Paulo wurde gewählt, weil dort eine entsprechende Zulieferindustrie vorhanden war[47]).

Bei allen Gesprächen im Rahmen der Befragungsaktion wurde deutlich, daß sich die Vorstellung von der Nähe zwischen Zulieferern und Abnehmern durch die moderne Verkehrsentwicklung und eine verstärkte Arbeitsteilung und Spezialisierung gegenüber früheren Jahrzehnten gewandelt hat. Wie dargelegt, werden Zulieferteile aus nächster Nähe, aber auch von weither bezogen. Es zeigt sich aber auch, daß bei weiter entfernt liegenden Zulieferern vor allem Spezialteile gekauft werden, die es näher nicht oder in nicht genügender Menge und Qualität gibt, oder für die der Endhersteller eigene Anlagen nicht genügend auslasten könnte[48]). Die fortschreitende Arbeitsteilung hat einen größer werdenden Bedarf an zugelieferten Teilen zur Folge[49]). Auch die Endfertigung (Montageindustrie) der belieferten Betriebe erfährt dabei eine Spezialisierung[50]). Der hohe Spezialisierungsgrad ermöglicht den Zulieferern, auch auf weiteste Entfernung in der BRD konkurrenzfähig zu sein. *Ohne daß das Material explizit eine solche Aussage beinhaltet, kann geschlossen werden, daß sich Lieferbeziehungen dann stärker auf eine Region konzentrieren, wenn die Produkte nach Quantität, Qualität und Preis dort zu haben sind.* In diesem Sinne vermag die bereits erwähnte „Liefergrenze" des Mains einen nördlichen und einen südlichen Teilraum der BRD zu begründen.

Die ralativ günstigen Verkehrsverhältnisse auf Schiene und Straße in der BRD werden in Einzelfällen durch den Luftverkehr noch weiter verbessert. Luftfracht und Kundenservice mit Flugzeug oder Hubschrauber lassen die Vorteile des engen räumlichen Verbunds auch über größere Entfernungen hinweg wirksam werden und zeigen die Notwendigkeit von Regionalflughäfen an. Außerdem ergibt sich gerade für die BRD dadurch eine besonders gute Verkehrssituation, daß Industrieregionen und Ballungen verhältnismäßig breit und gleichmäßig über die Gesamtfläche gestreut sind.

Von den untersuchten Branchen ist allerdings — wie schon erwähnt — trotz alledem eine Branche immer noch auf räumliche Nähe angewiesen: die Gießereiindustrie. Vor allem bei Eisenguß schlagen die Frachten ganz erheblich zu Buche. Eisengießereien finden sich daher verstreut in allen Industrieregionen. Zu erklären ist aus diesen Gründen auch das Scheitern des Versuchs der Inder, in der BRD indischen Guß zu vertreiben. Selbst wenn die Endpreise in vergleichbarer Höhe gelegen hätten, wäre die notwendige Kommunikation aus technisch-konstruktiven Notwendigkeiten heraus wegen der Entfernung nicht möglich gewesen[51]).

---

[47]) Laut mündlicher Auskunft eines Vorstandsmitglieds des VW-Werkes.
[48]) Vgl. auch F.-J. OLDIGES: Kooperation und Auftragsentwicklung. In: Wirtschaftsdienst 46. Jg. (1966), S. 395.
[49]) Vgl. auch Diskussion BRÖSSE — WINKEL zum Referat H. WINKEL: Technischer Fortschritt und Unternehmensgröße aus der Sicht des Wirtschaftshistorikers, a. a. O.
[50]) Vgl. K. KAISER, a. a. O., S. 14.
[51]) Interessant ist in diesem Zusammenhang folgender Hinweis eines Ausschußmitgliedes: Die Japaner sollen in den letzten Jahren versucht haben, mit japanischen Knöpfen auf dem deutschen Knopfmarkt Fuß zu fassen. Dieses Unternehmen sei fehlgeschlagen, u. a. deshalb, weil infolge der großen Entfernung zu den Herstellern die erforderliche schnelle Anpassung an den modischen Wechsel nicht in befriedigendem Maße möglich war.

An diesem letzten Beispiel wird deutlich, daß — unabhängig von generell transportkostenempfindlichen Branchen — sehr große Entfernungen für Zulieferbeziehungen wieder eine erhebliche Rolle spielen können. Im europäischen und Welthandel schlagen die Transport- und Kommunikationskosten fühlbar zu Buche. Z. T. mögen die technischen und organisatorischen Voraussetzungen für solche Zulieferungen auch noch gar nicht gegeben sein.

Das Befragungsmaterial gestattet hierzu nur insofern eine Aussage, als der Anteil der aus dem Ausland bezogenen Teile gering ist[52]). *Die Entwicklung zu größeren Märkten, etwa im Rahmen der EWG, kann dazu führen, daß erneut periphere Räume entstehen, deren relativ große Entfernung von den neuen europäischen Zentren ihre Entwicklung hemmt und das Problem der Entfernung Abnehmer — Zulieferer aufkommen oder bestehen läßt.*

4.2.2 Rohstofflieferanten

Ähnlich wie bei den Zulieferteilen werden auch Rohstoffe aus jeder Entfernung bezogen. Gegenüber jenen besteht aber in allen Räumen ein Unterschied insofern, als der Prozentsatz, der aus den Gebieten bis 100-km-Radius bezogen wird, deutlich größer ist. In den Befragungsgebieten Nordrhein-Westfalens fallen in diese Gruppe rd. 60 % der Befragten, im Industrie- und Handelskammerbezirk Braunschweig sind es knapp 50 % und im Handelskammerbezirk Hamburg über 60 %. Eindeutig nehmen die Auslandslieferungen einen beachtlichen Platz ein. Mit über 11 % Anteil in den Räumen Nordrhein-Westfalens und Braunschweigs sowie rd. 30 % in der Region Mannheim überragen sie die Zulieferteile, die aus dem Ausland kommen. Im Rohstoffbezug sind die Abnehmer demnach stärker zum Ausland orientiert als bei den reinen Zulieferteilen. Nur für die durch seine Küstenlage spezifizierte Stadt Hamburg läßt sich das nicht nachweisen. Für den Hamburger Raum fällt die hohe Versorgung aus dem 30-km-Nahbereich auf (55 % der Nennungen). Wie bei den Zulieferungen scheint der Hamburger Raum auch bei den Rohstofflieferungen besonders leistungsfähig. Demgegenüber ist der Braunschweiger Bezirk etwas mehr auf die restliche BRD angewiesen. In Nordrhein-Westfalen dürfte auch heute noch das Rhein-Ruhr-Gebiet im wesentlichen Rohstofflieferant sein. HELMRICH schreibt dazu: „Dabei ist es von entscheidender Bedeutung, daß die Energieträger Steinkohle und Braunkohle sowie Eisen, Stahl und Walzwerkerzeugnisse, die Grundstoffe der weiterverarbeitenden Industrie, in einem Umfang gefördert oder erzeugt werden, der es erlaubt, nicht nur das eigene Land damit zu versorgen, sondern darüber hinaus die übrige BRD und das Ausland zu beliefern. Die Anteile dieser Industrien an der entsprechenden Produktion des Bundesgebietes bewegen sich zwischen 81,5 und 99,6 %"[53]). Trotz dieser günstigen Rohstoffsituation Nordrhein-Westfalens für die weiterverarbeitende Industrie wird erstaunlicherweise noch ein beachtlicher Teil der Rohstoffe (fast 40 % der Nennungen) überwiegend aus anderen Regionen bezogen. Die Nachfrage nach Rohstoffen, die Nordrhein-Westfalen nicht oder nicht in ausreichendem Maße anzubieten hat, ist demnach beträchtlich.

---

[52]) In dem Zusammenhang erwähnenswert ist andererseits die Tatsache, daß im Zuge der europäischen Einigung auch stärker ausländische Zulieferer eingeschaltet werden, z. B. bei der Volkswagenwerk AG. — Vgl. auch: Hektische Produktionssteigerungen haben ihren Preis, Zahnradfabrik Friedrichshafen AG bezieht Zulieferungen aus Brasilien. In: FAZ, Nr. 208 vom 9. September 1969, S. 16.

[53]) W. HELMRICH: Wirtschaftskunde des Landes Nordrhein-Westfalen. Düsseldorf 1960, S. 37. HELMRICH basiert zwar auf Zahlen von 1957. In den Größenverhältnissen und der Tendenz treffen die Aussagen aber auch heute noch zu, wenn man abgeschwächte Kohlezahlen berücksichtigt und das Erdöl einbezieht, das von den Raffinerien Nordrhein-Westfalens geliefert wird.

Gerade an der Lieferung von Rohmetallen und Halbfabrikaten ist in starkem Maße — neben der Industrie — der Großhandel beteiligt, so daß oft nicht der Standort des Herstellers, sondern des Händlers angegeben worden ist. Schwerpunkte des Eisen- und Stahlgroßhandels in Nordrhein-Westfalen sind die Städte Köln, Düsseldorf und Duisburg. Ihre häufige Nennung verzerrt also insofern etwas das Bild, als sie nicht zugleich auch immer Standort der liefernden Industrien sind. Für die Lieferkontakte sind aber die genannten Städte maßgebend[54]).

4.2.3 Lieferanten für Hilfs- und Betriebsstoffe

Hilfs- und Betriebsstoffe werden in allen Untersuchungsregionen vor allem aus der Nähe bezogen, und zwar in wesentlich stärkerem Maße als bei allen anderen Produkt-Gruppen. Der Auslandsbezug ist entsprechend Null oder völlig unbedeutend. Hamburg ragt wieder besonders hervor mit einer 83 %igen Versorgung aus nächster Nähe. Der Braunschweiger Raum steht auch hier in der Nahversorgung am schlechtesten da. In Nordrhein-Westfalen kommen 47 % aus nächster Umgebung und 35 % aus der weiteren Umgebung. Innerregionale Lieferbeziehungen kennzeichnen demnach das Bild bei der Beschaffung von Hilfs- und Betriebsstoffen. *Damit kommt den intraregionalen Lieferverflechtungen bei der Beschaffung von Hilfs- und Betriebsstoffen, verglichen mit den anderen Leistungsarten, die größte Bedeutung zu.*

Unter den für die Produktion regelmäßig zu beschaffenden Leistungen ergibt sich wegen der monopolistischen Angebotsform der Energieversorgungsunternehmen in den einzelnen Regionen der kleinste Beschaffungsradius für die Betriebsstoffe Strom, Wasser und Gas. Diese Lieferungen erfolgen fast ausnahmslos aus dem Nahbereich der Unternehmen.

Hierbei ist zu beachten, daß die zur Verfügung gestellte Energie aber meist nicht am Sitz des Energieversorgungsbetriebes erzeugt wird. Erdgas kommt z. B. teilweise aus Holland. Für die Lieferverflechtungen ist diese Herkunft jedoch belanglos. Es kommt einzig und allein auf den Anschluß am Standort an. Die Hilfsstoffe Öle und Brennstoffe werden von den kleineren Betrieben vorwiegend über den örtlichen Brenn- und Kraftstoffhandel gekauft. Größere Unternehmen beziehen auch direkt bei auswärtigen Raffinerien. Die Belieferung mit Chemikalien erfolgt ebenfalls zu einem großen Teil über den ortsansässigen Handel. Bei speziellen Chemikalien für Galvanisierungsarbeiten werden aber auch die Chemiewerke direkt zur Lieferung herangezogen.

4.2.4 Lieferanten von Investitionsgütern

Wenn Hilfs- und Betriebsstoffe die Produktarten sind, die noch am ehesten im engen räumlichen Verbund geliefert werden, so haben die Investitionsgüter am häufigsten ihren Ursprung nicht in der Nähe. Das gilt für alle untersuchten Teilräume. In Nordrhein-Westfalen fallen auf die „restliche BRD" 71 %, in Hamburg 60 %, in Mannheim 50 % der Betriebe. In Braunschweig sind es 41 % der Nennungen. Die Bedeutung des Auslandes schwankt zwischen 4 % in Nordrhein-Westfalen und 14 bis 15 % in Braunschweig und Hamburg (vgl. Tabellen 7, 8, 9 und 10).

---

[54] Im Aachener Bezirk bestand in früheren Zeiten eine beachtliche Eisengewinnungsindustrie. Die verkehrsungünstige Lage der Region und die geringen Erzvorkommen konnten aber der Massenerzeugung von Roheisen nicht mehr genügen, so daß in der Mitte des vorigen Jahrhunderts bedeutende Hüttenbetriebe ihre Produktionsstätten in die Gebiete an Rhein und Ruhr verlagerten. Dort zählen diese Unternehmen heute zu den führenden Werken der Eisen- und Stahlindustrie. In Aachen hat sich aber ein Eisenhandel behaupten können. Viele der in der verarbeitenden Industrie benötigten Rohmetalle und Halbfertigfabrikate werden von den Industriebetrieben des Aachener Wirtschaftsraumes hier bezogen.

4.3 Vergabe und Übernahme von Lohnarbeiten

In allen Untersuchungsräumen werden von den Befragten mehr Lohnarbeiten vergeben als übernommen (Tabellen 53, 54, 62, 63, 68 und 69). Der Grund hierfür ist darin zu sehen, daß wahrscheinlich wenig Betriebe befragt wurden, die sich auf die Übernahme von Lohnarbeiten spezialisiert haben. Oft werden dies kleinere sein, die — wie schon an anderer Stelle gesagt — von der Befragung nicht so stark erfaßt worden sind.

Bevorzugt wird eindeutig die nächste Umgebung. Es gibt aber auch Lohnarbeitsbeziehungen über größere Entfernungen hinweg.

Für den Aachener Raum bringt Tabelle 11 insbesondere zum Ausdruck, daß häufiger Lohnarbeiten in andere Regionen vergeben als aus anderen Regionen übernommen werden. Eine Erklärung kann darin gesehen werden, daß das Aachener Gebiet nicht in dem Maße auf eine solche Art „Zulieferung" spezialisiert ist wie etwa das Ruhrgebiet, das Bergische Land und das Siegerland.

Tabelle 11: *Vergabe von Lohnarbeiten in die und Übernahme von Lohnarbeiten aus den Regionen (IHK-Bezirk Aachen)*

Zahl der Nennungen *) **)

Regionen	Lohnarbeiten Vergabe	Lohnarbeiten Übernahme
Regierungsbezirk Aachen	29	16
Nähere Umgebung bis zum Rhein (Düsseldorf, Köln, Mönchengladbach, Neuß, Krefeld)	17	5
Ruhrgebiet, Bergisches Land, Siegerland, Sauerland	12	1
Übrige BRD (Taunus, München, Frankfurt, Bremen, Hannover, Süddeutschland, Hessen)	5	5
Ausland (Amsterdam, Kerkrade)	1	1

*) Die Zahl der Nennungen stimmt nicht überein mit den Tabellen 51 und 52. In den Tabellen wurden die Fragebögen nur danach ausgewertet, ob Lohnarbeiten nie, gelegentlich oder regelmäßig vergeben oder übernommen wurden. Diese Tabelle dagegen berücksichtigt die Zahl der Nennungen. Wenn in einem Fragebogen von einer Vergabe von Lohnarbeiten in den Regierungsbezirk Aachen und nach Köln berichtet wird, so ergibt das zwei Nennungen. Nur der Regierungsbezirk Aachen wurde in jedem (relevanten) Fragebogen einmal gezählt, auch bei Mehrfach-Nennungen (z. B. Düren und Erkelenz und Stolberg). Das bedeutet, daß in Wirklichkeit der Regierungsbezirk für Lohnarbeiten im Vergleich zu den übrigen Räumen noch bedeutsamer ist, als es die Zahlen 29 und 16 schon ausdrücken.
**) Vgl. Tabelle 1, Anm. **).

Bemerkenswert ist die regionale Verteilung der Zentren der Lohnarbeitsverflechtung mit dem Wirtschaftsraum Aachen. Sie liegen vorwiegend nordöstlich von Aachen, also in einem oberen rechten Quadranten. Für diesen Bereich erfolgen bis zu einer Entfernung von 150 km fast alle Nennungen. Diese Tatsache macht deutlich, wie problematisch es ist, Nächst-, Nah- und Fernbereiche für alle Regionen der BRD einheitlich durch Radien (Kreise) und einheitliche Entfernungsangaben abzugrenzen. Was als Nahbereich bei einer räumlichen Betrachtungsweise angesehen werden sollte, kann individuell für die jeweilige Region unterschiedlich sein. Am ehesten sind Umkreisangaben mit Hilfe von Kreisradien noch dort angebracht, wo eine mehr oder weniger gleichmäßige Erschließung rund um die Standortregion ohne besondere Grenzwirkungen gegeben ist. Der Aachener Raum wird wirtschaftlich auch heute noch stark von seiner Grenznähe beeinflußt[55]). In den Übersichtskarten[55a]) kommt diese Grenzlage und einseitige Ausrichtung gut zum Ausdruck. Dabei ist es nicht etwa so, daß die Aachener Lieferbeziehungen zum westlichen Ausland nur nicht eingezeichnet worden sind, sie sind einfach nicht vorhanden.

Mit der engen räumlichen Verflechtung von Auftraggeber und Auftragnehmer geht oft, vor allem, wenn sich der Betrieb nur auf die Bearbeitung von Teilen im Lohnauftrag beschränkt, eine größere Abhängigkeit vom Auftraggeber einher. Wie in einigen Gesprächen deutlich wurde, lassen größere Industriebetriebe, bevor sie die Aufträge an ihre Zulieferer vergeben, manchmal die Zeit stoppen, die zur Herstellung oder Bearbeitung eines Teiles benötigt wird. Unter weniger günstigen betrieblichen Voraussetzungen der Zulieferbetriebe liegen die Erträge dieser Lohnarbeiten dann relativ niedrig.

Andererseits behaupten einige Befragte, daß die Übernahme von Lohnarbeiten für kleinere Betriebe gewinnbringend sei, da sie nach den tatsächlich geleisteten Stunden bezahlt würden und am Material wegen des mehr oder weniger großen Abfalls ohnehin nichts zu verdienen sei. Stecken aber große Gewinnmöglichkeiten in der Übernahme von Lohnarbeiten, so überlegt der Auftraggeber, ob er nicht früher oder später mit der Eigenfertigung beginnt.

4.4 Verflechtungen auf der Absatzseite

Wie schon an früherer Stelle angedeutet, liegen wesentlich weniger und weniger differenzierte Angaben (nur für Zulieferteile und sonstige Produkte) auf der Absatzseite vor (Tabellen 12, 13, 14, 15). *Für Nordrhein-Westfalen, Hamburg und Mannheim erbringt*

Tabelle 12: *Lieferverflechtungen auf der Absatzseite der untersuchten Betriebe in den IHK-Bezirken Aachen, Arnsberg, Dortmund, Remscheid, Solingen und Wuppertal insgesamt*

Von den befragten Betrieben lieferten... Betriebe überwiegend in die/das...

	nächste Umgebung*)	weitere Umgebung**)	restl. BRD	Ausland	insgesamt ***)
Zulieferteile	—	11	60	30	101
sonstige Produkte	8	12	60	16	96
insgesamt***)	8	23	120	46	197

*) Nächste Umgebung = 30 km Umkreis um den Standort des Betriebes.
**) Weitere Umgebung = 100 km Umkreis um den Standort des Betriebes.
***) Vg. Tabelle 1, Anm. **).

---

[55]) Zur Grenzproblematik des Aachener Raumes vgl. näher U. Brösse: Grenzüberschreitende Regionalpolitik — konkretisiert am Aachener Grenzraum. In: Arbeitsgemeinschaft für Rationalisierung des Landes Nordrhein-Westfalen, Grenzüberschreitende Regionalpolitik in Nordwesteuropa, Dortmund 1971. — B. Röper: Regionalpolitik für EWG-Binnengrenzgebiete insbesondere für das Aachener Grenzgebiet. In: Beiträge zur Regionalpolitik, Berlin 1968, S. 148.
[55a]) Vgl. Anhang III.

Tabelle 13: *Lieferverflechtungen auf der Absatzseite der untersuchten Betriebe im HK-Bezirk Hamburg*

Von den untersuchten Betrieben lieferten... Betriebe überwiegend in die/das...

	nächste Umgebung*)	weitere Umgebung**)	restl. BRD	Ausland	insgesamt***)
Zulieferteile	2	2	6	—	10
Sonstige Produkte	2	1	11	5	19
insgesamt***)	4	3	17	5	29

*) Nächste Umgebung = 30 km Umkreis um den Standort des Betriebes.
**) Weitere Umgebung = 100 km Umkreis um den Standort des Betriebes.
***) Vgl. Tabelle 1, Anm. **).

Tabelle 14: *Lieferverflechtungen auf der Absatzseite der untersuchten Betriebe im IHK-Bezirk Braunschweig*

Von den untersuchten Betrieben lieferten... Betriebe in die/das...

	nächste Umgebung*)	weitere Umgebung**)	restl. BRD	Ausland	insgesamt***)
Zulieferteile	10	9	13	8	40
Sonstige Produkte	25	26	27	17	95
insgesamt***)	35	35	40	25	135

*) Nächste Umgebung = Braunschweig und 30 km Radius.
**) Weitere Umgebung = 100 km Radius um Braunschweig
***) Vgl. Tabelle 1, Anm. **).

Tabelle 15: *Lieferverflechtungen auf der Absatzseite der untersuchten Betriebe im IHK-Bezirk Mannheim*

Von den untersuchten Betrieben lieferten... Betriebe nach der/dem...

	Mannheim	restl. BRD	Ausland	insgesamt*)
Zulieferteile	1	12	5	18
Sonstige Produkte	1	14	11	26
insgesamt	2	26	16	44

*) Vergl. Tabelle 1, Anm. **)

die Auswertung das interessante Ergebnis, daß Zulieferteile gar nicht oder nur in wenigen Fällen überwiegend in den Nahbereich geliefert werden. D. h., daß in der Gruppe der untersuchten Betriebe auch die Zulieferer praktisch nicht an den nahen Abnehmer gebunden sind. Es muß aber noch einmal betont werden, daß insbesondere kleinere Zulieferer selten befragt wurden. Es ist zu vermuten, daß unter den kleineren Zulieferern prozentual mehr sind, die vorwiegend nahorientiert sind. Die oben gemachten Ausführungen über den Wilhelmshavener Raum haben ja gezeigt, daß es durchaus Zulieferanten gibt, die überwiegend auf ein Unternehmen oder eine Region ausgerichtet sind[56]).

Ein ganz anderes Bild entsteht für das Handwerk als Zulieferer der Industrie. Das Handwerk ist überwiegend nahbereichsorientiert. Geschäftspartner außerhalb der Standortregion bleiben dem Handwerk infolge fehlender Marktübersicht weitgehend unbekannt[57]). So stellen SUNDHOFF und IHLE fest, „daß etwa zwei Drittel der (handwerklichen U. BR.) Zulieferer in der unmittelbaren Nachbarschaft oder drei Viertel im Bannkreis (bis 100 km) ihrer Auftraggeber ansässig sind"[58]). Unter den Ausnahmen in der Handwerkswirtschaft gibt es bemerkenswerte Fälle: Ein Handwerksbetrieb im Aachener Raum z. B. beliefert mit seinen qualitativ höchstwertigen Produkten den Weltmarkt.

In der Braunschweiger Untersuchung wurde jede Nennung (sonst vorwiegend „überwiegende Lieferung") gezählt. Die nähere Umgebung erscheint deshalb auch dann, wenn ein Zulieferer überwiegend in der restlichen BRD absetzt, zugleich aber auch in der Nähe. Dadurch ist der Anteil der näheren und weiteren Umgebung beträchtlich höher. Auch hier ist für die Absatzseite — genauso wie für die Beschaffungsseite — eine räumliche Verflechtung mit dem Gesamtraum zu erkennen. Innerhalb dieser Lieferverflechtungen läßt sich eine besondere Betonung der Nähe nicht nachweisen (Tabelle 14).

Das Befragungsmaterial ergibt für die sonstigen Produkte kein eindeutig abweichendes Ergebnis von dem der Zulieferteile. Da infolge der Auswahl der befragten Betriebe Lieferanten von Roh-, Hilfs- und Betriebsstoffen ausfallen, werden in dieser Restgruppe vor allem *Investitionsgüter und sonstige Endprodukte* erfaßt. *Ihr Absatz erfolgt auch wieder überwiegend in die BRD und in das Ausland.*

Bemerkenswert ist der hohe Anteil des Auslandsabsatzes sowohl von Zulieferteilen als auch von den übrigen Produkten. Im Aachener Raum berichten 16 von 46 Betrieben, daß der Export der sonstigen Produkte mehr als 50 % ihrer gesamten Produktion ausmacht. Die höchsten Exportquoten sind bei den Betrieben der Nadelindustrie zu verzeichnen. Diese Spezialindustrie des Aachener Wirtschaftsraumes genießt Weltruf und hat die Aachener Region weit über ihre Grenzen hinaus bekannt gemacht.

Insgesamt betrachtet überwiegen die Fälle, in denen die untersuchten Betriebe der sechs Regionen Nordrhein-Westfalens das Ausland als Absatzgebiet überwiegend bevorzugen, die Zahl der Betriebe, welche aus dem Ausland vorwiegend ihre Güter beschaffen.

Die Einfuhr umfaßt in erster Linie Rohstoffe und Halbfertigfabrikate. Fertigprodukte (Zulieferteile, Investitionsgüter) werden nur in geringerem Umfang importiert (Tabelle 7). Der Export enthält vorwiegend hochspezialisierte Zulieferteile und Investitionsgüter, gefolgt von den Rohstoffen Kohle und Stahl und den Halbfertigwaren.

---

[56]) Vgl. Kapitel 4.2.1.

[57]) Vgl. K. KAISER: Vor- und Zulieferungen des metallverarbeitenden Handwerks an die Industrie im Regierungsbezirk Düsseldorf, a. a. O., S. 29.

[58]) E. SUNDHOFF und H.-A. IHLE: Handwerksbetriebe als Lieferanten von Industrieunternehmungen, Göttingen 1964, S. 36 f.

5. Der Faktor Nähe im unternehmerischen Standortfaktorenkatalog

5.1 Zur Fragestellung

Das empirische Befragungsmaterial schließt ab mit zwei Fragen nach den unternehmerischen Standortfaktoren (Fragen 3.1 und 3.2), deren Auswertung in diesem Kapitel erfolgt. Die Untersuchungen von Gründen unternehmerischer Standortwahl, vor allem auf empirischer Basis, haben inzwischen einen solchen Umfang angenommen, daß es einer eigenen größeren Arbeit bedarf, um das ganze Material einmal zu sichten und zusammenzufassen[59]. Wenn trotzdem auch hier wieder ein Standortfaktorenkatalog ermittel wird, so in erster Linie deshalb, um die Rolle des Faktors Nähe in diesem Katalog zu verdeutlichen. Einblicke in die Stärke „raumdifferenzierender" Wirkungen von Zulieferbeziehungen sind erst dann in ausreichendem Maße möglich, wenn auch Größenvorstellungen über die übrigen „raumdifferenzierenden" Faktoren vergleichsweise vorliegen. Der Agglomerationsvorteil der Nähe muß also relativiert werden. Dem dient vor allem dieses Kapitel zur unternehmerischen Standortentscheidung.

Den Unternehmen und Betrieben wurden in diesem Zusammengang zwei Fragen gestellt: 1. „Gründe für die Wahl des gegenwärtigen Standorts der Produktionsstätte" (Frage 3.1) und 2. „Welche Standortanforderungen würden Sie im Falle einer Verlagerung Ihres Betriebes oder einer Zweiggründung stellen?" (Frage 3.2). Dazu wurde den Interviewern ein Katalog von 20 möglichen Standortfaktoren mitgegeben[60], die der gemeinsamen Auswertung zugrunde gelegt werden sollten. Die Befragten sollten mit Hilfe einer Rangfolge die relative Bedeutung der einzelnen Faktoren angeben, so daß aus der Vielzahl möglicher und wahrscheinlich nur in Kombination mit anderen Standortfaktoren entscheidungswirksamer Beweggründe die wichtigen isoliert werden konnten.

Der ursprüngliche Plan, nur Betriebe zu befragen, die ihren gegenwärtigen Standort im Zeitraum von 1955 bis 1968 gewählt haben und sich mit dem Gedanken einer Verlagerung des Betriebes oder einer Zweiggründung tragen, ließ sich nicht verwirklichen. Zu viele an der Erhebung beteiligte Firmen wurden vor 1955 gegründet, und für den Zeitraum nach 1955 hätten für Nordrhein-Westfalen nur beantwortete Fragebögen von 17 Betrieben (rd. 10 %) aller Firmen) für die Auswertung benutzt werden können (Tabelle 56).

Wie die Tabelle 56 zeigt, fallen die meisten Betriebsgründungen in Nordrhein-Westfalen (rd. 40 %) in den Zeitraum von 1900 bis 1945. Rd. 35 % der befragten Betriebe wurden sogar vor 1900 errichtet, und etwa 15 % der Firmen gründeten ihre Fertigungsstätten in der Zeit des Wiederaufbaus von 1946 bis 1955.

Auch im Hamburger Raum hätte nur ein Drittel der befragten Betriebe in die Auswertung einbezogen werden können (Tabelle 60). Noch niedriger wäre der Anteil für Braunschweig gewesen (nur 5 von 38 Betrieben, Tabelle 65), und im Kammerbezirk Mannheim hätten drei Betriebe berücksichtigt werden können (Tabelle 67).

Bei den teilweise mehrere Jahrzehnte zurückliegenden Gründungen wird es verständlich, daß die Antworten nicht immer die tatsächlichen Gründungssituationen widerspiegeln können. Das Erinnerungsvermögen war teilweise einfach überfordert. Die Ergebnisse drängen manchmal den Gedanken auf, die Interviewten hätten der tatsächlichen Gründung die gegenwärtigen Verhältnisse zugrunde gelegt. So ist es nicht ganz einsichtig, daß an erster Stelle für die Wahl des *gegenwärtigen* Standorts immer wieder der Faktor Boden (geeignetes Gelände, Bodenpreise und Raumkosten) auftaucht. Diese Vermischung von

---

[59] Vgl. als jüngste Arbeit hierzu H. Brede: Bestimmungsfaktoren industrieller Standorte. Eine empirische Untersuchung. Diss. Gießen 1970.
[60] Vgl. Frage 3. im Fragebogen, Anhang IV.

Gegenwart und Vergangenheit mag zu einer Überschätzung einzelner Standortfaktoren und einer entsprechenden Verzerrung der rekonstruierten Beweggründe geführt haben. Trotzdem ist aber der Unterschied zwischen den Ergebnissen der beiden Fragen nach dem gegenwärtigen und einem möglichen zukünftigen Standort eindrucksvoll, wie noch zu zeigen ist.

Tabelle 16: *Gründe für eine Standortwahl*
(Zusammenfassung der nachstehenden Tabellen 17 und 18)

Zahl der Nennungen

Gründe*)/Rangfolge	1. St.	2. St.	3. St.	4. St.	5. St.	6. St.	7. St.	ohne Rangfolgenangabe	insgesamt absolut	in %
Faktor Arbeit (d^1, d^2, d^3, d^4)	189	127	28	16	2	—	—	104	466	30,0
Faktor Boden (a, b, c)	126	83	68	29	5	2	—	105	418	26,9
Fühlungsvorteile (k, l, m^1, m^2, n, o)	52	21	18	14	14	12	4	52	187	12,0
Steuerliche Überlegungen und öffentliche Vergünstigungen (e, f, g)	2	45	24	12	11	10	3	47	154	9,9
Verkehrsverhältnisse (h)	23	43	19	11	14	3	2	33	148	9,5
Nichtwirtschaftliche Faktoren (i, p)	32	6	5	2	—	1	—	39	85	5,5
Transportkosten (j^1, j^2)	13	12	9	14	3	1	—	33	85	5,5
Sonstige Faktoren (q)	2	3	1	2	—	—	—	3	11	0,7
insgesamt	439	340	172	98	51	29	9	416	1554	100

*) Zu den Gründen vgl. im einzelnen Tabelle 17.

5.2 Faktor Nähe

Die von den Befragten geforderte Bewertung der Standortfaktoren gestattet es, dem Faktor Nähe im Standortfaktorenkatalog einen Stellenwert zuzuordnen. Unter den Antworten zu den Gründen des gegenwärtigen Standortes für die Teilregionen Nordrhein-Westfalens erscheint die Nähe 19mal an erster Stelle von insgesamt 129 erststelligen Nennungen überhaupt. In rd. 15 % der Fälle war die Nähe danach für die Standortwahl ausschlaggebend (Tabelle 17). Dabei waren die Abnehmer häufiger ausschlaggebend als die Zulieferer. Dieses Ergebnis stimmt größenordnungsmäßig mit den beiden direkten Fragen nach der Absatz- und Beschaffungsorientierung (Fragen 2.2.6 und 2.1.8) überein (Tabellen 57 und 58).

Im Falle einer Verlagerung nimmt die Nähe nur noch knapp 9 % der erststelligen Nennungen ein (Tabelle 18). Das mag ein Indiz für eine weitere Abnahme der Bedeutung der Nähe als Standortfaktor sein.

Tabelle 17: Gründe für die Wahl des gegenwärtigen Standortes
(IHK-Bezirke Aachen, Arnsberg, Dortmund, Remscheid, Solingen und Wuppertal insgesamt)

Zahl der Nennungen

	Gründe/Rangfolge	1. St.	2. St.	3. St.	4. St.	5. St.	6. St.	7. St.	ohne Rangfolgenangabe	insgesamt absolut	in %
a)	Geeignetes Gelände	23	10	2	4	—	—	—	17	56	11,5
b)	Bodenpreise und Raumkosten	16	10	3	3	—	1	—	19	52	10,7
c)	Erweiterungsmöglichkeiten (räumliche)	7	5	5	1	2	—	—	16	36	7,4
d¹)	Vorhandene Arbeitskraftreserven	7	7	2	4	—	—	—	27	47	9,6
d²)	Qualifikation der Arbeitskräfte	10	8	4	2	—	—	—	20	44	9,0
d³)	Geringe Fluktuation der Arbeitskräfte	1	2	1	1	—	—	—	8	13	2,7
d⁴)	Staffelung der Löhne	—	2	2	1	—	—	—	2	7	1,4
e)	Steuerliche Überlegungen	—	2	—	—	1	1	—	6	10	2,0
f)	Regionale Vergünstigungen durch Gemeinden	—	2	—	—	—	1	—	5	8	1,6
g)	Öffentliche Förderungsprogramme	—	1	1	—	—	—	—	2	4	0,8
h)	Verkehrsverhältnisse	7	6	6	1	3	—	—	13	36	7,4
i)	Räumliche Herkunftsbezeichnung	2	3	—	—	—	—	—	5	10	2,0
j¹)	Transportkosten (Beschaffung)	2	2	—	1	—	—	—	6	11	2,3
j²)	Transportkosten (Absatz)	2	4	—	1	—	—	—	6	13	2,7
k)	Nähe der Vorlieferanten	7	2	—	1	1	1	—	8	20	4,1
l)	Nähe der Abnehmer	12	3	4	1	—	—	—	12	32	6,6
m¹)	Nähe zu Betrieben der gleichen Branche positiv bewertet	4	2	1	—	—	—	—	3	10	2,0
m²)	negativ bewertet	1	—	1	4	2	—	1	1	10	2,0
n)	Standort von Banken, Versicherungen u. ä.	—	—	1	—	—	—	—	1	2	0,4
o)	Standort von wissenschaftlichen und kulturellen Einrichtungen	—	—	—	—	1	—	—	—	1	0,2
p)	Außerökonomische Faktoren	26	—	—	—	—	—	—	33	59	12,1
q)	Sonstige Gründe	2	2	—	—	—	—	—	3	7	1,4
	insgesamt	129	73	33	25	10	4	1	213	488	100,0

Tabelle 18: *Gründe für die Wahl eines neuen Standortes im Falle einer zukünftigen Verlagerung oder Zweiggründung*
(IHK-Bezirke Aachen, Arnsberg, Dortmund, Remscheid, Solingen und Wuppertal insgesamt)

	Gründe/Rangfolge	1. St.	2. St.	3. St.	4. St.	5. St.	6. St.	7. St.	ohne Rangfolgenangabe	insgesamt absolut	in %
a)	Geeignetes Gelände	36	24	16	6	—	—	—	22	104	9,8
b)	Bodenpreise und Raumkosten	22	20	20	8	1	—	—	16	87	8,2
c)	Erweiterungsmöglichkeiten (räumliche)	22	14	22	7	2	1	—	15	83	7,8
d¹)	Vorhandene Arbeitskraftreserven	60	41	9	4	—	—	—	16	130	12,2
d²)	Qualifikation der Arbeitskräfte	69	40	8	3	1	—	—	16	137	12,9
d³)	Geringe Fluktuation der Arbeitskräfte	22	17	—	1	—	—	—	12	52	4,9
d⁴)	Staffelung der Löhne	20	10	2	—	1	—	—	3	36	3,4
e)	Steuerliche Überlegungen	1	14	8	5	4	4	1	6	43	4,0
f)	Regionale Vergünstigungen durch Gemeinden	1	15	9	4	3	3	1	15	51	4,8
g)	Öffentliche Förderungsprogramme	—	11	6	3	3	1	1	13	38	3,6
h)	Verkehrsverhältnisse	16	37	13	10	11	3	2	20	112	10,5
i)	Räumliche Herkunftsbezeichnung	3	1	4	2	—	—	—	1	11	1,0
j¹)	Transportkosten (Beschaffung)	4	2	4	7	3	1	—	12	33	3,1
j²)	Transportkosten (Absatz)	5	4	5	5	3	—	—	9	28	2,6
k)	Nähe der Vorlieferanten	14	4	4	4	3	3	—	7	39	3,7
l)	Nähe der Abnehmer zum Betrieb der gleichen Branche	13	7	4	3	1	2	—	8	38	3,6
m¹)	positiv bewertet	1	1	—	1	—	—	1	1	5	0,4
m²)	negativ bewertet	—	2	2	—	2	1	2	3	12	1,1
n)	Standort von Banken, Versicherungen u. ä.	—	—	—	—	1	—	—	2	3	0,3
o)	Standort von wissenschaftlichen und kulturellen Einrichtungen	—	—	1	—	3	5	—	6	15	1,4
p)	Außerökonomische Faktoren	1	2	1	—	—	1	—	—	5	0,4
q)	Sonstige Gründe	—	1	1	—	2	—	—	—	4	0,4
	insgesamt	310	267	139	73	41	25	8	203	1 066	100,0

In derselben Größenordnung bewegt sich — gemessen an der Gesamtzahl der Nennungen — die Einstufung der Nähe auch in den Regionen Hamburg und Braunschweig (Tabellen 19 und 20). Bei einer Verlagerung wird in diesen beiden Gebieten der Nähe ein etwas größeres Gewicht eingeräumt. Dieser Unterschied zu Nordrhein-Westfalen kann durch die relativ periphere Lage gedeutet werden. Auch an früherer Stelle war ja bereits festgestellt worden, daß die Hamburger und Braunschweiger Unternehmer sich der Bedeutung der Nähe eher bewußt sind als die Unternehmer in den Untersuchungsgebieten Nordrhein-Westfalens.

Tabelle 19: *Bedeutung verschiedener Standortfaktoren (HK-Bezirk Hamburg)*

a) Gründe für die Wahl des gegenwärtigen Standortes
b) Standortanforderungen bei Betriebsverlagerungen oder Zweiggründungen

		zu a) absolut	Nennungen zu b) absolut	in %
a)	Geeignetes Gelände	4	8	5,7
b)	Bodenpreise und Raumkosten	4	6	4,3
c)	Erweiterungsmöglichkeiten (räumliche)	4	9	6,4
d)	Arbeitskräfte	5	12	8,5
d^1)	Vorhandene Arbeitskraftreserven	5	15	10,6
d^2)	Qualifikation der Arbeitskräfte	5	15	10,6
d^3)	Geringe Fluktuation der Arbeitskräfte	2	5	3,6
d^4)	Staffelung der Löhne	2	5	3,6
e)	Steuerliche Überlegungen	4	6	4,3
f)	Regionale Vergünstigungen durch Gemeinden	3	5	3,6
g)	Öffentliche Förderungsprogramme	1	3	2,1
h)	Verkehrsverhältnisse	4	11	7,8
i)	Räumliche Herkunftsbezeichnung	3	2	1,4
j)	Transportkosten	2	4	2,8
j^1)	Transportkosten (Beschaffung)	2	4	2,8
j^2)	Transportkosten (Absatz)	2	3	2,1
k)	Nähe der Vorlieferanten	4	8	5,7
l)	Nähe der Abnehmer	5	12	8,5
m)	Nähe zu Betrieben der gleichen Branche	1	3	2,1
m^1)	positiv bewertet	1	3	2,1
m^2)	negativ bewertet	—	1	0,7
n)	Standort von Banken, Versicherungen u. ä.	—	—	—
o)	Standort von wissenschaftlichen und kulturellen Einrichtungen	1	1	0,7
p)	Außerökonomische Faktoren	2	1	—
insgesamt		66	141	100,0

Tabelle 20: *Bedeutung verschiedener Standortfaktoren*
(IHK-Bezirk Braunschweig)

a) Gründe für die Wahl des gegenwärtigen Standorts
b) Standortanforderungen bei Betriebsverlagerungen oder Zweiggründungen

		Nennungen zu a) absolut	Nennungen zu b) absolut	in %
a)	Geeignetes Gelände	12	10	9,7
b)	Bodenpreise und Raumkosten	3	3	2,9
c)	Erweiterungsmöglichkeiten (räumliche)	4	4	3,9
d)	Arbeitskräfte	—	4	3,9
d^1)	Vorhandene Arbeitskraftreserven	4	14	13,6
d^2)	Qualifikation der Arbeitskräfte	—	10	9,7
d^3)	Geringe Fluktuation der Arbeitskräfte	1	2	1,9
d^4)	Staffelung der Löhne	—	—	—
e)	Steuerliche Überlegungen	—	4	3,9
f)	Regionale Vergünstigungen durch Gemeinden	3	4	3,9
g)	Öffentliche Förderungsprogramme	2	2	1,9
h)	Verkehrsverhältnisse	3	11	10,7
i)	Räumliche Herkunftsbezeichnung	1	2	1,9
j)	Transportkosten	1	3	2,9
j^1)	Transportkosten (Beschaffung)	2	5	4,9
j^2)	Transportkosten (Absatz)	—	2	1,9
k)	Nähe der Vorlieferanten	—	5	4,9
l)	Nähe der Abnehmer	9	12	11,6
m)	Nähe zu Betrieben gleicher Branche	1	1	1,0
m^1)	positiv bewertet	—	1	1,0
m^2)	negativ bewertet	—	—	—
n)	Standort von Banken, Versicherungen u. ä.	—	1	1,0
o)	Standort von wissenschaftlichen und kulturellen Einrichtungen	2	—	—
p)	Außerökonomische Faktoren	3	3	2,9
q)	Sonstige Gründe	6	—	—
insgesamt		57	103	100,0

5.3 Zur Rangordnung der Standortfaktoren

Innerhalb der Rangordnung der Standortfaktoren rangiert die Nähe also ziemlich weit unten. Es sind offensichtlich andere Faktoren, die die Unternehmer in erster Linie interessieren. Werden die 20 einzeln aufgeführten Faktoren zur Wahl des gegenwärtigen Standorts nach Gruppen zusammengefaßt, so ergibt sich folgende Reihenfolge für Nordrhein-Westfalen (Tabelle 21):

1. Faktor Boden,
2. Faktor Arbeit,
3. Fühlungsvorteile,
4. Nichtwirtschaftliche Faktoren,
5. Verkehrsverhältnisse,
6. Transportkosten,
7. Steuerliche Überlegungen und öffentliche Vergünstigungen,
8. Sonstige Faktoren.

Tabelle 21: *Gründe für die Wahl des gegenwärtigen Standortes*
(Zusammenfassung der Tabelle 17)

Zahl der Nennungen

Gründe/Rangfolge	1. St.	2. St.	3. St.	4. St.	5. St.	6. St.	7. St.	ohne Rangfolgenangabe	insgesamt absolut	in %
Faktor Boden (a, b, c)	46	25	10	8	2	1	—	52	144	29,6
Faktor Arbeit (d^1, d^2, d^3, d^4)	18	19	9	8	—	—	—	57	111	22,8
Fühlungsvorteile (k, l, m^1, m^2, n, o)	24	7	7	6	4	1	1	25	75	15,4
Nichtwirtschaftliche Faktoren (i, p)	28	3	—	—	—	—	—	38	69	14,1
Verkehrsverhältnisse (h)	7	6	6	1	3	—	—	13	36	7,3
Transportkosten (j^1, j^2)	4	6	—	2	—	—	—	12	24	4,9
steuerliche Überlegungen und öffentliche Vergünstigungen (e, f, g)	—	5	1	—	1	2	—	13	22	4,5
Sonstige Faktoren (q)	2	2	—	—	—	—	—	3	7	1,4
insgesamt	129	73	33	25	10	4	1	213	488	100

Es wurde schon erwähnt, daß die Genauigkeit dieser Antworten wegen des weiten Zeithorizonts zweifelhaft ist. Aussagekräftiger ist vielleicht die zweite Frage nach der Standortverlagerung oder Neugründung im Zusammenhang mit dieser ersten Frage. Dafür errechnet sich für Nordrhein-Westfalen folgende Reihenfolge (Tabelle 22):

1. Faktor Arbeit,
2. Faktor Boden,
3. Steuerliche Überlegungen und öffentliche Vergünstigungen,
4. Fühlungsvorteile,
5. Verkehrsverhältnisse,
6. Transportkosten,
7. Nichtwirtschaftliche Faktoren,
8. Sonstige Faktoren.

Die Gegenüberstellung dieser beiden Rangfolgen zeigt deutlich die auch schon in anderen Untersuchungen gemachte Erfahrung, daß die Rangordnung der Standortqualitäten vor der Niederlassung und nach mehrjähriger Standorterfahrung im einzelnen unterschiedlich beurteilt wird[61]), und zwar nicht nur wegen der von den Unternehmern gemachten Erfahrungen, sondern auch wegen inzwischen völlig neuer wirtschaftlicher Situationen und Konstellationen.

Die Faktoren Arbeit und Boden halten mit Abstand die Spitze. Im Fall von Neugründungen oder Verlagerungen rückt die Arbeitskräftebeschaffung jedoch sehr stark an

---

[61]) Vgl. I. ESENWEIN-ROTHE: Über die Möglichkeit einer Quantifizierung von Standortqualitäten. In: Gestaltungsprobleme der Weltwirtschaft, Festschrift für Andreas Predöhl, Göttingen 1964, S. 502.

Tabelle 22: *Gründe für die Wahl eines neuen Standortes im Falle einer zukünftigen Verlagerung oder Zweiggründung (Zusammenfassung der Tabelle 18)*

Zahl der Nennungen

Gründe/Rangfolge	1. St.	2. St.	3. St.	4. St.	5. St.	6. St.	7. St.	ohne Rangfolgenangabe	insgesamt absolut	in %
Faktor Arbeit (d^1, d^2, d^3, d^4)	171	108	19	8	2	—	—	47	355	33,3
Faktor Boden (a, b, c)	80	58	58	21	3	1	—	53	274	25,7
Steuerliche Überlegungen und öffentliche Vergünstigungen (e, f, g)	2	40	23	12	10	8	3	34	132	12,4
Fühlungsvorteile (k, l, m^1, m^2, n, o)	28	14	11	8	10	11	3	27	112	10,5
Verkehrsverhältnisse (h)	16	37	13	10	11	3	2	20	112	10,5
Transportkosten (j^1, j^2)	9	6	9	12	3	1	—	21	61	5,7
Nichtwirtschaftliche Faktoren (i, p)	4	3	5	2	—	1	—	1	16	1,5
Sonstige Faktoren (q)	—	1	1	—	2	—	—	—	4	0,4
insgesamt	310	267	139	73	41	25	8	203	1066	100

die erste Stelle. Das ist die Konsequenz der seit Mitte der fünfziger Jahre angespannten Arbeitsmarktlage, aufgrund derer der Produktionsfaktor Arbeit den Engpaß bei vielen unternehmerischen Standortentscheidungen bildete[62]. Die meisten Betriebe wurden aber vor 1955 gegründet, und die Arbeitsmarktlage spielte bei der Wahl des gegenwärtigen Standortes keine so große Rolle wie heute bei Neugründungen oder Verlagerungen.

Je angespannter die wirtschaftliche Lage im Hinblick auf einen Standortfaktor ist, desto mehr setzt sich das „Ausgleichsgesetz der Planung" (ERICH GUTENBERG) durch: „Fragt man ..., welcher betriebliche Teilbereich jeweils im Gesamtsystem der Programmplanung als bestimmend anzusehen ist, dann wird man zu der Feststellung gelangen, daß alle Planung jeweils auf den schwächsten Teilbereich betrieblicher Betätigung, in diesem Sinne auf den Minimumsektor, einnivelliert"[63]. Unter diesem Gesichtspunkt betrachtet, läßt eine Befragung vieler Unternehmer nach den Bestimmungsgründen der Standortwahl erkennen, wo gesamtwirtschaftlich ein allgemeiner Engpaß vorhanden ist.

5.4 Die Engpaßfaktoren Arbeit und Boden

Wird der Standortfaktor Arbeit näher untersucht, so zeigen die Tabellen 17 und 18, daß ein ausreichendes Arbeitskräftepotential und eine hohe Qualifikation der Arbeitskräfte fast gleichermaßen für die Standortwahl ausschlaggebend sind. Die Fluktuation

---

[62]) Vgl. H. BREDE und C. OSSORIO-CAPELLA: Die Agglomerationsräume in der BRD. Ifo-Institut für Wirtschaftsforschung München, 1967, S. 224.

[63]) E. GUTENBERG: Grundlagen der Betriebswirtschaftslehre, 1. Bd.: Die Produktion, 3. Aufl., Berlin 1957, S. 119.

der Arbeiter und die unterschiedliche Staffelung der Löhne nach den in den Tarifverträgen vereinbarten Ortsklassen sind für die unternehmerische Entscheidung von geringer Bedeutung.

Es besteht zwar bei arbeitsintensiven Betrieben die Möglichkeit, bei der Gründung ihrer Fertigungsstätten in kleinen Gemeinden erhebliche Kosten einzusparen, da hier die Tariflöhne der niedrigsten Ortsklasse gezahlt werden. Voraussetzung aber ist, daß überhaupt genügend qualifizierte Arbeitskräfte vorhanden sind. Die Herbeiholung der Arbeitskräfte aus einem größeren Umkreis verursacht Kosten, die einen Teil des Kostenvorteils der billigeren Tarife wieder aufheben.

Der Vorteil industrieärmerer Gemeinden als Standortregion äußert sich eher in der Beständigkeit der Arbeitskräfte, die weniger zum Betriebswechsel neigen. Diesem Aspekt wurde bei der Standortwahl mehr Rechnung getragen als den unterschiedlich gestaffelten Löhnen. Es mag dabei auch der Gedanke von Bedeutung sein, daß ein Unternehmer in einer industriearmen ländlichen Gegend eine Monopolstellung auf dem lokalen Arbeitsmarkt erlangen kann, falls keine anderen Betriebe sich in seiner Nähe niederlassen. Das größere Abhängigkeitsverhältnis der Arbeitnehmer von dem einen Industriebetrieb erschwert eine Fluktuation der Arbeitskräfte meist, wohingegen sie in der Ballung wesentlich leichter möglich ist. Insofern sind mit der räumlichen Nähe vieler Industriebetriebe, vom unternehmerischen Standpunkt aus gesehen, auch negative Agglomerationseffekte verbunden.

Der Faktor Boden wird 80mal an erster Stelle genannt gegenüber 171 erststelligen Nennungen beim Faktor Arbeit. Hieran wird ein weiterer aktueller Engpaß der regionalen Entwicklung in der BRD sichtbar: ausreichendes Gelände für Neugründungen und Erweiterungen, preiswertes und erschlossenes Gelände. Wenn „die Expansionserfordernisse der Unternehmungen einen Umfang annehmen, die die Errichtung neuer Betriebsstätten notwendig machen, kommt zum Bedarf an Arbeitskräften die Orientierung an der ‚grünen Wiese', d. h. die Suche nach räumlichen Möglichkeiten, den durch technischen Fortschritt gewandelten Produktionsfeldzug dem neuesten Stand der Technik anpassen zu können"[64]. Dann reicht es häufig nicht aus, bestehende alte Produktionsanlagen anderer Betriebe zu übernehmen. Allenfalls das unbebaute Gelände erlaubt eine Belegung nach den individuellen Erfordernissen und Wünschen des neuen Betriebes.

Mangelnde Ausdehnungsmöglichkeiten am alten Standort — besonders in Ballungsgebieten — waren oft die Ursache für eine Betriebsverlagerung vom Ballungskern in das Randgebiet der Agglomerationsgebiete, wo meist noch genügend bebauungsfähige Flächen vorhanden sind. Die Gesprächspartner zeigten weiter eine Vorliebe für die Randgebiete der Ballungsräume, weil die Beschaffung der Arbeitskräfte in diesen Räumen relativ gut gesichert ist und Fühlungsvorteile zum Ballungskern erhalten bleiben. Unter Raumordnungsgesichtspunkten beinhaltet diese Entwicklung eine große Gefahr. Abgesehen von dem ungeregelten Ausufern der Städte bauen diese einen Ring von Arbeitsplätzen um sich herum, der in der Lage ist, die Einpendler von noch weiter außerhalb festzuhalten. Die Folge ist eine Verknappung der Arbeitskräfte in den City-Bereichen.

Unzureichende Ausenungsmöglichkeiten sind oft auch die Ursache für eine Zweiggründung im ländlichen Umkreis der Stadt, wobei aber die räumliche Nähe zum Mutterbetrieb erhalten bleibt.

---

[64] K. Busch: Strukturwandlungen der Westdeutschen Automobilindustrie. Volkswirtschaftliche Schriften, H. 101, Berlin 1966, S. 64.

In den anderen Untersuchungsräumen ist das Übergewicht der Faktoren Arbeit und Boden nicht so ausgeprägt. Für Hamburg sind zwar auch die Arbeitskräfte Problem Nr. 1, an zweiter Stelle folgen aber fast gleichberechtigt die Gruppe der Fühlungsvorteile und der Faktor Boden (Tabelle 23). Ähnliches gilt auch für Braunschweig (Tabelle 24).

Tabelle 23: *Bedeutung verschiedener Standortfaktoren — Zusammenfassung*
(HK-Bezirk Hamburg)

a) Gründe für die Wahl des gegenwärtigen Standortes
b) Standortanforderungen bei Betriebsverlagerungen oder Zweiggründungen

	Nennungen		
	zu a) absolut	zu b) absolut	in %
Faktor Arbeit (d, d^1, d^2, d^3, d^4)	19	52	36,9
Fühlungsvorteile (k, l, m, n, o)	12	28	19,9
Faktor Boden (a, b, c)	12	23	16,3
Steuerliche Überlegungen und öffentliche Vergünstigungen (e, f, g)	8	14	9,9
Transportkosten (j, j^1, j^2)	6	11	7,8
Verkehrsverhältnisse (h)	4	11	7,8
Räumliche Herkunftsbezeichnung (i)	3	2	1,4
Außerökonomische Faktoren (p)	2	—	—
insgesamt	66	141	100,0

Tabelle 24: *Bedeutung verschiedener Standortfaktoren — Zusammenfassung*
(IHK-Bezirk Braunschweig)

a) Gründe für die Wahl des gegenwärtigen Standortes		b) Standortanforderungen bei Betriebsverlagerungen oder Zweiggründungen		
Nennungen zu a)	absolut	Nennungen zu b)	absolut	in %
Faktor Boden (a, b, c)	19	Faktor Arbeit (d, d^1, d^2, d^3, d^4)	30	29,1
Fühlungsvorteile (k, l, m, n, o)	12	Fühlungsvorteile (k, l, m, n, o)	20	19,4
Sonstige Faktoren (q)	6	Faktor Boden (a, b, c)	17	16,5
Faktor Arbeit (d, d^1, d^2, d^3, d^4)	5	Verkehrsverhältnisse (h)	11	10,7
Steuerliche Überlegungen und öffentliche Vergünstigungen (e, f, g)	5	Steuerliche Überlegungen und öffentliche Vergünstigungen (e, f, g)	10	9,7
Nichtwirtschaftliche Faktoren (i, p)	4	Transportkosten (j, j^1, j^2)	10	9,7
Verkehrsverhältnisse (h)	3	Nichtwirtschaftliche Faktoren (i, p)	5	4,9
Transportkosten (j, j^1, j^2)	3	Sonstige Faktoren (q)	—	—
insgesamt	57	insgesamt	103	100,0

5.5 Steuerliche Überlegungen und öffentliche Vergünstigungen

Die stärkste Veränderung des Stellenwertes bei der Beurteilung der Situation vor und nach der Gründung betrifft den Faktor „Steuerliche Überlegungen und öffentliche Vergünstigungen". Das wird sofort verständlich, wenn man bedenkt, daß es in früheren Zeiten eine Regionalpolitik in der heutigen Form regionaler Wirtschaftsförderung nicht gegeben hat. Trotzdem ist es erstaunlich, daß die Wirtschaftsförderung in der Gesamtbewertung für Nordrhein-Westfalen von Platz 7 auf Platz 3 gerückt ist (Tabellen 21 und 22). Allerdings wird bei 132 Nennungen der Faktor nur zweimal an erster Stelle genannt. Wenn man den Antworten Glauben schenken darf, dann heißt das doch, daß die Unternehmer sich zunächst einmal um den „richtigen" Standort bemühen. Bei der Auswahl zwischen mehreren so gefundenen Standorten können dann öffentliche Förderungsmaßnahmen den endgültigen Ausschlag geben[65].

Ein allgemein abgesichertes Urteil über die Rolle öffentlicher Fördermaßnahmen bei der Industrieansiedlung ist aufgrund dieses Ergebnisses aber noch nicht möglich. Es ist zu vermuten, daß Unternehmen, die Fördermittel in Anspruch genommen haben, diesen Faktor anders bewerten als Unternehmen, die nur über ihre Meinung dazu befragt werden. In der hier vorgelegten Untersuchung handelt es sich überwiegend um Betriebe letzterer Art. Gerade deshalb ist es allerdings um so bemerkenswerter, daß die regionale Förderung in der Auswertung für Nordrhein-Westfalen — verglichen mit früheren Zeiten — hoch eingeschätzt wird.

Die dritte Stelle der Gruppe „Steuerliche Überlegungen und öffentliche Vergünstigungen" in der Gesamtbewertung (Tabelle 22) stellt allerdings insofern eine optische Verzerrung dar, als in dieser Gruppe drei Einzelfaktoren zusammengefaßt sind, während z. B. die Gruppe „Verkehrsverhältnisse" aus nur einem Faktor und die Gruppe „Transportkosten" aus nur zwei Faktoren besteht. Wenn ein Unternehmen nun alle drei Faktoren in der Gruppe der Förderungsmaßnahmen genannt hat und ebenfalls den Faktor Verkehrsverhältnisse, so erscheint die Gruppe der Fördermaßnahmen automatisch mit dreifachem Gewicht gegenüber den Verkehrsverhältnissen. Das wirkliche Gewicht der Fördermaßnahmen ergibt sich deshalb besser aus Tabelle 18. Daraus wird ersichtlich, daß die Förderungsmaßnahmen zwar schon öfter an zweiter Stelle genannt sind, aber unter Berücksichtigung dieser Erläuterungen hinter den Verkehrsverhältnissen und den Transportkosten rangieren.

Die Zahlen sprechen also im Ergebnis dafür, *daß die direkte regionalpolitische Förderung, die an die Unternehmen fließt, für die standortsuchenden Unternehmen keinen gravierenden Standortfaktor darstellt*[66].

Für die Regionalpolitik wäre deshalb zu fragen, ob die unmittelbare finanzielle Unterstützung privater Unternehmen durch die öffentlichen Hände überhaupt noch zu vertreten ist. Denn der Staat begibt sich damit auf ein Gebiet, das er gar nicht in geeignetem Maße beurteilen kann (z. B. Marktchancen von Unternehmen). Wenn die Standortwahl der Unternehmen auf jeden Fall anhand der „Standortfaktoren" erfolgt und die wirtschaftliche Förderung nur „gerne mitgenommen" wird, so können diese Gelder besser den spezifisch öffentlichen Funktionen der regionalen Entwicklung gewidmet werden: der Bereitstellung von Industriegelände und der Errichtung der notwendigen Infrastruktur[67].

---

[65] Vgl. auch Bundesminister für Arbeit und Sozialordnung: Die Standortwahl der Industriebetriebe in der BRD. Verlagerte, neuerrichtete und stillgelegte Industriebetriebe in den Jahren 1966 und 1967. Bonn 1968, S. 32.

[66] Vgl. hierzu aber auch die etwas anderen Befragungsergebnisse bei H. Brede: Bestimmungsfaktoren industrieller Standorte, a. a. O., S. 171 ff.

[67] Vgl. zu diesen Gedanken ausführlicher U. Brösse: Das regionalpolitische Förderungsprogramm der Bundesregierung. In: Wirtschaftsdienst, 50. Jg. (1970), S. 589 f.

In den Räumen Hamburg und Braunschweig ist ein solcher Wandel in der Beurteilung finanzieller Förderungsmaßnahmen nicht zu bemerken. Über die Gründe können hier nur Vermutungen geäußert werden. So wäre es denkbar, daß von den Unternehmen im Handelskammerbezirk Hamburg eine regionale Förderung gar nicht als ernsthafte Hilfe in Erwägung gezogen wird. Eine solche Einstellung mag insbesondere dann anzutreffen sein, wenn es sich um Betriebe handelt, die ihren Standort in Regionen haben, die keine Förderung kennen.

5.6 Verkehrsverhältnisse und Transportkosten

Ein bemerkenswertes Gewicht wird in allen Räumen den Verkehrsverhältnissen zugemessen. Sie beeinflussen in der Regel die Transportkosten, werden aber meist von diesen als besonderer Faktor geschieden[68].

Die Transportkosten erscheinen zwar noch oft als Standortfaktor, aber selten mit hoher Priorität. Damit wird auch hier bestätigt, was bereits in den vorhergehenden Kapiteln deutlich wurde, daß nämlich die Transportkosten für die meisten der untersuchten Branchen in der BRD nur noch von untergeordneter Bedeutung sind[69].

5.7 Fühlungsvorteile

Der Faktor Nähe gehört zu den Fühlungsvorteilen, wurde aber schon gesondert analysiert[70]. Innerhalb der Gruppe der Fühlungsvorteile würde nach Aussage der Befragten in Nordrhein-Westfalen den Standorten von wissenschaftlichen Hochschulen und kulturellen Einrichtungen in Zukunft bei der Standortwahl mehr Bedeutung zukommen als bei der Wahl des gegenwärtigen Standortes (Tabellen 17 und 18). Einmal versprechen sich manche Firmen von der Hochschulnähe einen größeren Kontakt auf wissenschaftlicher Ebene, zum anderen erscheint die Beschaffung qualifizierter Führungskräfte leichter, wenn schon technische und wissenschaftliche Kontakte zu Hochschulinstituten bestehen. Kulturelle Einrichtungen steigern ebenfalls die Attraktion einer Region. Arbeitskräfte und vor allem Führungskräfte sehen diese Einrichtungen oft als wesentlich bei ihrer Arbeitsplatzwahl an und bestimmen damit indirekt die Standortwahl der Unternehmen.

5.8 Außerökonomische Motive

Der Standortfaktorenkatalog enthält zwei Punkte, die im weiteren Sinne außerökonomische Motive beinhalten, nämlich die räumliche Herkunftsbezeichnung und die außerökonomischen Faktoren. Während in den Regionen Hamburg, Braunschweig und Mannheim diese Faktoren selten oder gar nicht genannt wurden, ergibt sich für Nordrhein-Westfalen ein sehr plastisches Bild. Zur Begründung der gegenwärtigen Standortwahl werden 69mal von insgesamt 488 Nennungen die nichtwirtschaftlichen Faktoren angeführt. Davon allein 28mal an erster Stelle (Tabelle 21). Die nichtwirtschaftlichen Faktoren rangieren damit an vierter Stelle in der Häufigkeit der Nennungen.

Anders dagegen bei einer zukünftigen Neugründung oder Verlegung! Die nichtwirtschaftlichen Faktoren fallen auf den siebten Platz ab und haben nur noch einen Anteil von 1,5 % an den Nennungen gegenüber einem fast 10mal größeren Anteil im ersten Fall.

---

[68] Vgl. auch H. BREDE: Bestimmungsfaktoren industrieller Standorte, a. a. O., S. 189 ff.

[69] Vgl. auch H. BREDE und C. OSSORIO-CAPELLA: Die Agglomerationsräume in der BRD, a. a. O., S. 246.

[70] Vgl. Kapitel 3. und 4.

Es wäre sicher voreilig, hieraus den Schluß zu ziehen, die Unternehmer verhielten sich heute in entsprechendem Ausmaß mehr ökonomisch rational. Bei einiger Vorsicht erlauben die Befragungsergebnisse jedoch die Aussage, daß wohl das ökonomisch rationale Denken die Unternehmen in heutiger Zeit bei der Standortwahl (und vielleicht überhaupt?) im Durchschnitt stärker leitet als in zurückliegenden Jahrzehnten. Vor allem traditionelle Bindungen haben heute wahrscheinlich weniger Gewicht als früher. Andererseits weiß man nicht, ob die Antworten für den hypothetischen Fall das tatsächliche Verhalten richtig wiedergeben. Vielleicht sind die Antworten der Befragten z. T. einfach psychologisch zu erklären, etwa daß man seine zukünftigen Entscheidungen ungern als nicht streng ökonomisch hinstellt. Das Problem ist viel zu weitläufig und komplex, als daß hier als Nebenergebnis der Zuliefereruntersuchung ein umfangreicherer Beitrag dazu gebracht werden könnte. Immerhin neu und bedenkenswert scheint aber doch das erzielte Ergebnis zu sein, daß sich in der Beurteilung vergangener und zukünftiger Standortentscheidungen anscheinend ein auffallender Wandel bei den Unternehmen hinsichtlich der außerökonomischen Standortfaktoren vollzogen hat.

Von Böventer hat den unbedingt zu beachtenden Zusammenhang von nichtwirtschaftlichen und wirtschaftlichen Faktoren der Standortwahl herausgestellt. Er schreibt: „Zusammenfassend kann man feststellen, daß persönliche, außerökonomische Faktoren in der Realität für die Standortwahl sicherlich eine wesentliche Rolle spielen, daß sie aber zumindest bei der Wahl des weitergefaßten Standortgebietes zugunsten ökonomischer Faktoren an Gewicht verlieren, daß persönliche Präferenzen ihrerseits von der ökonomischen Umwelt beeinflußt werden, daß sie sich weiterhin der ökonomischen Zielsetzung der Nutzenmaximierung unterordnen lassen und daß letztlich Entscheidungen aufgrund persönlicher Präferenzen häufig nachträglich durch den Einfluß ökonomischer Faktoren korrigiert werden. Die ökonomischen Bestimmungsgründe verlieren also trotz des Auftretens persönlicher Präferenzen bei der Standortwahl nicht an Bedeutung"[71].

5.9 Gebäude

Ein Standortfaktor, der in bisherigen Standortuntersuchungen — so auch in dieser — weitgehend fehlt oder beim Faktor Gelände mit eingeschlossen wird, ist „Vorhandene Fabrikgebäude bzw. Fabrikationsraum am Standort". In einer jüngst erschienenen Veröffentlichung von Haas steht dieser Standortfaktor mit 29 % der Nennungen an erster Stelle unter den Hauptgründen für die Ansiedlung[72]. Zugrunde liegt dabei eine Gemeindebefragung zu den Ansiedlungsgründen von 70 Industriebetrieben in einem vorwiegend ländlichen Raum von 1950 bis 1958. „Die Unternehmer empfanden es als ein Risiko, in diesem Raum größere Summen zu investieren, wie etwa gleich eine eigene Fabrikhalle zu erstellen, weil die Rentabilität der Produktion noch in Frage stand. Diese Zurückhaltung schien um so berechtigter, als es sich bei einem Teil der angebotenen Produktionsräume um liquidierte industrielle Arbeitsstätten handelte, die an besagtem Standort bereits gescheitert waren"[73].

Haas zitiert nun in gleichem Zuge eine Statistik des Landesarbeitsamtes Baden-Württemberg für den Zeitraum 1955 bis 1967. Darin rangieren wieder Arbeitskräfte und Industriegelände weit an der Spitze[74]. Allerdings folgen an dritter Stelle vorhandene

---

[71] E. von Böventer: Zur optimalen Standortpolitik der Einzelunternehmung. In: Gestaltungsprobleme der Weltwirtschaft, Festschrift für Andreas Predöhl, Göttingen 1964, S. 445.
[72] Vgl. H.-D. Haas: Junge Industrieansiedlung im nordöstlichen Baden-Württemberg. Selbstverlag des Geographischen Instituts der Universität Tübingen, 1970, S. 104.
[73] H.-D. Haas, a. a. O., S. 104f.
[74] H.-D. Haas, a. a. O., S. 108.

Fabrikgebäude und Fabrikationsraum. HAAS deutet diese Abweichung damit, daß das Arbeitsamt vor allem Betriebe erfaßt hat, die nach 1959 angesiedelt wurden, als in erster Linie Arbeitskräfte knapp waren, während vorher die Raumfrage akuter gewesen sei. Das wäre eine Bestätigung des oben erwähnten Ausgleichsgesetzes der Planung, nach dem immer der Minimumfaktor maßgeblich ist. Danach gibt es also keinen „verbindlichen" Standortfaktorenkatalog, sondern immer nur einen zeit- und ortsbedingten. Gewichtung der Faktoren und die Faktoren selbst ändern sich mit Raum und Zeit.

Eine denkbare Erklärung ist aber auch, daß Unternehmer bei Neugründungen in Zukunft generell mehr geneigt sind, die Fabrikationsräume zu mieten, statt sie selbst in eigener Regie zu bauen. Das wäre dann eine Verhaltensänderung, die ihre Parallele ja auch in anderen Bereichen des wirtschaftlichen Lebens findet, wenn beispielsweise häufig zu Mietverträgen übergegangen wird (vgl. z. B. das Vordringen des Leasing).

5.10 Sonstige Faktoren

Unter den sonstigen Bestimmungsgründen wird einige Male die Energieversorgung erwähnt. Wie diese geringe Häufigkeit der Nennungen zeigt, spielen Energieversorgungsüberlegungen bei der Standortwahl für die Befragten der verarbeitenden Industrie eine völlig untergeordnete Rolle. Wie aus einer anderen Untersuchung hervorgeht, sind, anders als bei der standortabhängigen Industrie, bei der standortunabhängigen Industrie die Energiekosten bei der Standortwahl nicht relevant[75]).

In den persönlichen Gesprächen wurde immer wieder betont, daß von seiten der Unternehmen sehr viel Wert auf Entgegenkommen und unbürokratisches Verhalten der Behörden gelegt wird. — Eine Sonderrolle spielt im Raum Aachen, vor allem aber im Braunschweiger Gebiet, die Lage an der Grenze. — Spezielle Faktoren der Standortwahl können gelegentlich in der Konkurrenz eines Großbetriebs auf dem Arbeitsmarkt gesehen werden. Das wird z. B. in Braunschweig in bezug auf die Konkurrenz des Volkswagen-Werkes und einiger anderer Großbetriebe geäußert. Gerügt wird weiterhin von einigen Befragten das schlechte Industrieklima in Braunschweig. Es wird unter anderem auf das Verhalten der Stadtverwaltung zurückgeführt, die sich gegenüber den Wünschen der Unternehmen wenig entgegenkommend gezeigt habe. Das gelte insbesondere für die Bereitstellung von Gelände für Betriebsausweitungen, für den Straßenbau und die Verkehrsverbindungen der Nahverkehrsbetriebe. Damit wird die äußerst geringe Neuansiedlung von Betrieben in Braunschweig selbst erklärt.

Es gibt darüber hinaus noch andere Standortfaktoren, die die Entstehung einer Zulieferindustrie oder eines einzelnen Betriebes erklären. So mannigfaltig das wirtschaftliche Leben überhaupt ist, so mannigfaltig können auch Faktoren und Motive von Betriebsgründungen sein. Als ein Beispiel sei abschließend wegen seiner Eigenart und anschaulichen Schilderung ein Zitat von MAUERSBERG wiedergegeben: „Für das Aufkommen der Wälzlagerproduktion, vor allem in Schweinfurt, war eben neben einem gesunden und durchaus verständlichen Erwerbsstreben der dortigen Hauptakteure vom Anfang her aber auch das spielerische Element begeisterter Radsportfahrer und das handwerkliche Können guter Schlossermeister in ganz entscheidender Weise mitbeteiligt, wie andererseits am Platz der Stuttgarter und Berliner Unternehmensgründungen auf diesem Gebiet auch der Eifer wissenschaftlich zuhöchst interessierter Erfinder und wohlvorgebildeter Techniker mit Pate gestanden hat..."[76]).

---

[75]) Vgl. SCHRÖDER: Strukturwandel, Standortwahl und regionales Wachstum. Prognos Studien 3, Stuttgart, Berlin, Köln, Mainz 1968, S. 104 f.

[76]) H. MAUERSBERG: Deutsche Industrien im Zeitgeschehen eines Jahrhunderts. Stuttgart 1966, Seite 51.

6. Ergebnisse

Ausgangspunkt dieser Untersuchung ist die Hypothese, daß die Agglomerationsersparnisse infolge räumlicher Nähe zwischen Zulieferern und Abnehmern raumdifferenzierende Wirkungen haben. Diese allgemeine Aussage muß aufgrund der Erkenntnisse dieser Untersuchung modifiziert werden.

Zunächst einmal ist festzuhalten, daß Agglomerationsvorteile der Nähe für Zulieferer auftreten *können*, daß aber keinesfalls ein Grund zu der Annahme besteht, solche Effekte wären bei allen oder den meisten Lieferbeziehungen relevant. Je nach Region messen zwischen 30 und 50 % der Befragten auf der Beschaffungs- und auf der Absatzseite der Nähe keine Bedeutung bei. Wenn aber die Nähe als Einflußfaktor angesehen wird, so nur in sehr wenigen Fällen als standortbestimmend.

Die vorliegende Arbeit hat somit Ergebnisse erbracht, die die Berechtigung der Annahme, Agglomerationsersparnisse infolge räumlich enger Lieferbeziehungen seien von nennenswerter Bedeutung, stark in Zweifel ziehen. Das Befragungsmaterial spricht hinsichtlich der Verhältnisse in der BRD dafür, daß diese Agglomerationsersparnisse unbedeutend und nur in seltenen Fällen standortbestimmend sind.

Bemerkenswerterweise treten regionale Unterschiede in der Beurteilung der Nähe zutage. Sie werden damit erklärt, daß isoliert liegende Betriebe sich der Bedeutung der Nähe eher bewußt werden als solche, die ihren Standort „zentral" haben. Die Befragungsergebnisse spiegeln damit die Situationsbedingtheit der Antworten wider: Die Nähe ist deshalb unbedeutend, weil das Problem der entfernten, isolierten Lage gar nicht auftritt. Damit muß offen bleiben, inwieweit für die Betriebe, die der Nähe laut Antwort keine Bedeutung beimessen, der räumliche Kontakt letztlich — wenn auch unbewußt — doch eine Rolle spielt. Auf jeden Fall bleibt festzuhalten, daß aufgrund der gegenwärtigen Verteilung der Industrie in der BRD der Agglomerationsvorteil der Nähe für Zulieferer und Abnehmer kaum ein bewußt wahrgenommener Vorteil ist.

Wie bereits eingangs erläutert, ist diese Untersuchung von Anfang an darauf hin konzipiert, die Arbeit von STREIT zu ergänzen. Dieses Ziel wurde erreicht, indem die Bedeutungslosigkeit der Agglomerationsersparnisse infolge räumlich enger Lieferbeziehungen für die Raumwirtschaftspolitik herausgearbeitet werden konnte. Daneben fielen weitere Ergebnisse von Interesse an.

So wird gelegentlich die Individualität einzelner Betriebe, was die Bewertung der Nähe angeht, sichtbar: Einige Betriebe der kunststoffverarbeitenden Industrie und der EBM-Industrie messen der Nähe „große Bedeutung" bei, obwohl in dem erwähnten österreichischen „Standortfaktorenkatalog" für diese Branchen allenfalls eine „geringe Bedeutung" angezeigt wird. Globalbeurteilungen einzelner Industriebranchen hinsichtlich bestimmter externer Effekte sollten deshalb nicht ohne nähere Erläuterungen und Einschränkungen erfolgen, weil gerade die individuellen Besonderheiten regionalpolitisch wirksam sein können.

Branchenmäßige Unterschiede, die STREIT — in geringfügigem Ausmaß — feststellt, kann die vorliegende Analyse nur in einem Falle nachweisen. Eindeutig großen Wert auf Nähe legt die Gießereiindustrie. Darüber hinaus sind für die übrigen untersuchten Branchen keine allgemeingültigen Besonderheiten zu erkennen.

Regionale, branchenspezifische und individuelle Eigenheiten werfen die Frage nach ihren Ursachen auf. In den seltenen Fällen, in denen die Nähe positiv bewertet wird, werden Gründe dafür angeführt. Sie lassen sich auf Kommunikations- und Tranportkostenersparnisse zurückführen. Die Nähe zwischen Lieferanten und Abnehmern wird also immer dann relevant, wenn sich Raumüberwindung für die Betriebe in nennenswerten Kommunikations- und Transportkosten niederschlägt[77]).

Eine weitere Aufgabe dieser Untersuchung ist es, herauszufinden, in welchem Ausmaß Vorleistungen dem Nah- und dem Fernbereich zuzuordnen sind. Die damit zusammenhängenden Fragen beantwortet vor allem das 4. Kapitel mit der Differenzierung der Vorleistungen nach Zulieferteilen, Rohstoffen, Hilfs- und Betriebsstoffen sowie Investitionsgütern. Dabei hat sich gezeigt, daß Zulieferbeziehungen in den Untersuchungsräumen überwiegend fernorientiert sind. Fast 80 % und gelegentlich noch mehr der Befragten liefern Zulieferteile vorwiegend in beziehungsweise beziehen solche Teile aus Entfernungen über 30 km.

In diesem Zusammenhang kann weiter festgestellt werden, daß einzelne Unternehmen, selbst von erheblicher Größe (10 000 Beschäftigte) mit einem hohen Bedarf an Zulieferteilen, kaum in der Lage sind, Zulieferbetriebe in größerem Umfang in ihre Nähe zu holen. Die Befragungsergebnisse zeigen, daß sich weder Zulieferer durch den Standort ihrer Abnehmer noch Abnehmer durch den Sitz ihrer Zulieferanten in nennenswertem Umfang in ihrer Standortwahl beeinflussen lassen.

Ähnlich wie bei den Zulieferteilen überwiegt auch bei den Rohstoffen und den Investitionsgütern der fernbedarfstätige Charakter der Lieferbeziehungen. Dagegen herrschen bei den Hilfs- und Betriebsstoffen Kaufbeziehungen im Nahbereich vor. Je nach Region hält der Nahbereich bis 30 km Radius einen Anteil zwischen 35 und 80 %.

Zusammenfassend läßt sich somit die Frage nach der Nah- bzw. Fernorientierung von Vorleistungen so beantworten: Industrielle Zulieferer sind in der BRD überwiegend *unmittelbar* Fernbedarfstätige. Es erübrigt sich daher die Annahme im ISENBERGschen Tragfähigkeitskonzept, die Zulieferer *mittelbar* über die fernbedarfstätigen Abnehmer den Fernbedarfstätigen zuzuordnen. Dasselbe gilt prinzipiell auch für die Produzenten von Investitionsgütern und Rohstoffen. Dagegen sind die Lieferbeziehungen bei industriellen Hilfs- und Betriebsstoffen sehr stark auf den Nahbereich beschränkt.

Das empirische Material vermittelt darüber hinaus eine Reihe von Einzelergebnissen, wie etwa die besondere Beurteilung der Nähe im Konjunkturverlauf, die Einordnung des Faktors Nähe in den unternehmerischen Standortfaktorenkatalog, raumrelevante Besonderheiten der Geschäftsbeziehungen mit den Gründen für die Auswahl der Zulieferer und Eigentümlichkeiten bei Lohnarbeitsbeziehungen, auf die an dieser Stelle nicht noch einmal eingegangen zu werden braucht.

Abschließend ist die Frage zu stellen, ob es unter ökonomischen Aspekten gerechtfertigt war, die Zulieferungen gesondert von den übrigen Lieferarten zu untersuchen. In der Tat hat sich erwiesen, daß die ökonomischen Bestimmungsgründe der Kommunikations- und Transportkosten für die räumliche Verteilung gleichermaßen für *alle* Lieferarten gelten. Die Unfähigkeit der meisten Befragten, Zulieferteile gleichsam selbstverständlich von den übrigen Lieferungen trennen zu können, verdeutlicht darüber hinaus auch die praktischen Schwierigkeiten einer Differenzierung nach Zulieferteilen und sonstigen gelieferten Teilen. Insofern hat diese Untersuchung gezeigt, daß Standortprobleme der *Zuliefer*industrie zumindest keine grundsätzlichen Unterschiede gegenüber den Standortproblemen sonstiger Lieferanten aufwerfen.

---

[77]) Vgl. auch M. STREIT, a. a. O., S. 18 f.

Literaturverzeichnis

BACHMANN, W.: Die Beziehungen zwischen Handwerk und Industrie. In: Deutsches Handwerksblatt, 18. Jg., H. 9/10, Bonn 1966, S. 180.
BACHMANN, W.: Die Handwerkswirtschaft als Zulieferer der Industrie. In: Deutsches Handwerksblatt, 16. Jg., H. 3, Bonn 1964, S. 50.
VON BÖVENTER, E.: Raumwirtschaftstheorie. In: Handwörterbuch der Sozialwissenschaften, Bd. 8, S. 704.
VON BÖVENTER, E.: Theorie des räumlichen Gleichgewichts. Tübingen 1962.
VON BÖVENTER, E.: Zur optimalen Standortpolitik der Einzelunternehmung. In: Gestaltungsprobleme der Weltwirtschaft, Festschrift für Andreas Predöhl, Göttingen 1964.
BREDE, H.: Bestimmungsfaktoren industrieller Standorte. Eine empirische Untersuchung, Diss., Gießen 1970.
BREDE, H. und OSSORIO-CAPELLA, C.: Die Agglomerationsräume in der BRD, Ifo-Institut für Wirtschaftsforschung, München 1967.
BRÖSSE, U.: Das Förderungsprogramm der Bundesregierung. In: Wirtschaftsdienst, 50. Jg. (1970), S. 587.
BRÖSSE, U.: Flächenbeanspruchung, Flächenkoeffizient und Wachstum. In: Schmollers Jahrbuch, 90. Jg. (1970), S. 529.
BRÖSSE, U.: Grenzüberschreitende Regionalpolitik — konkretisiert am Aachener Grenzraum. In: Arbeitsgemeinschaft für Rationalisierung des Landes Nordrhein-Westfalen, Grenzüberschreitende Regionalpolitik in Nordwesteuropa, Dortmund 1971.
Bundesminister für Arbeit und Sozialordnung: Die Standortwahl der Industriebetriebe in der BRD. Verlagerte, neuerrichtete und stillgelegte Industriebetriebe in den Jahren 1966 und 1967, Bonn 1968.
BUSCH, K.: Strukturwandlungen der westdeutschen Automobilindustrie. Volkswirtschaftliche Schriften, H. 101, Berlin 1966.
CHRISTOFFEL, M.: Die industrielle Ballung in der Schweiz, Diss. St. Gallen, Thusis 1967.
CONZELMANN, P.: Risiken und Chancen der mittelständischen Zulieferer und wirtschaftspolitische Möglichkeiten der Risikoabgrenzung. Manuskript o. O. 1964.
ESENWEIN-ROTHE, I.: Über die Möglichkeit einer Quantifizierung von Standortqualitäten. In: Gestaltungsprobleme der Weltwirtschaft, Festschrift für Andreas Predöhl, Göttingen 1964.
FEUERBAUM, E.: Die Zubringer- und die Montageindustrie. Berlin 1956.
FISCHER, A.: Die Struktur von Wirtschaftsräumen. Ein Beitrag zur Anwendung statistischer Methoden in der Regionalforschung. Wiesbaden 1969.
GRIEP, A.: Entwicklung, Standort und Absatzmärkte der westeuropäischen Automobilindustrie. Diss., Kiel 1955.
GROSS, H.: Selber machen oder kaufen? (Erweiterte deutsche Bearbeitung von Wolfgang Männel), München 1969.
GUTENBERG, E.: Grundlagen der Betriebswirtschaftslehre, 1. Bd.: Die Produktion, 3. Aufl., Berlin 1957.
HAAS, H.-D.: Junge Industrieansiedlung im nordöstlichen Baden-Württemberg. Selbstverlag des Geographischen Instituts der Universität Tübingen, 1970.
HELMRICH, W.: Wirtschaftskunde des Landes Nordrhein-Westfalen. Düsseldorf 1960.
HOLTZ, R.: Auftragsvermittlungsbörsen in Frankreich. In: Blätter für Genossenschaftswesen, Jg. 111 (1965), S. 252.
HUFSCHMID, B.: Die Standortorientierung der Düsseldorfer Eisenindustrie. Diss. 1940.
ISARD, W.: Location and Space-Economy. New York und London 1956.
ISENBERG, G.: Die ökonomischen Bestimmungsgründe der räumlichen Ordnung. Ifo-Institut für Wirtschaftsforschung (Hrsg.), München 1967.
ISENBERG, G.: Existenzgrundlagen in Stadt- und Landesplanung. Schriftenreihe der Deutschen Akademie für Städtebau und Landesplanung, Bd. 14, Tübingen 1965.
KAISER, K.: Vor- und Zulieferungen des metallverarbeitenden Handwerks an die Industrie im Regierungsbezirk Düsseldorf. Essen 1964.
LALEIKE, K.: Struktur und Wettbewerbsprobleme der Kraftfahrzeug-Teile-Wirtschaft. Diss. Aachen 1965.
LAUSCHMANN, E.: Grundlagen einer Theorie der Regionalpolitik, Abhandlungen der Akademie für Raumforschung und Landesplanung, Bd. 60, Hannover 1970.
LEHMANN, W.: Die Entwicklung der Standorte der schweizerischen Industrie seit dem Ende des 19. Jahrhunderts. Diss. Zürich 1952.
MARX, D.: Wachstumsorientierte Regionalpolitik. Göttingen 1966.

MAUERSBERG, H.: Deutsche Industrien im Zeitgeschehen eines Jahrhunderts. Stuttgart 1966.
MAURI, A.: Der Einfluß großer Industrieunternehmungen auf die mittleren und kleinen Zuliefererbetriebe. In: Internationales Gewerbearchiv, 8. Jg., H. 2, 1960.
MEYER, F. W., GROTE, H. und KORNEMANN, R.: Möglichkeiten einer Untersuchung der Funktionen und der Wettbewerbslage kleiner und mittlerer Zulieferunternehmen in der BRD. Eine Untersuchung, erstellt im Auftrage des Bundesministers für Wirtschaft, Bonn, März 1970.
Österreichisches Institut für Raumplanung, Bearbeitung HELMUT SCHILLING: Standortfaktoren für die Industrieansiedlung. Wien 1968.
OLDIGES, F.-J.: Kooperation und Auftragsentwicklung. In: Wirtschaftsdienst 46. Jg. (1966).
PETZOLD, I.: Die Zulieferindustrie. Diss. TU Berlin 1968.
Raumordnung in der BRD, Gutachten des Sachverständigenausschusses für Raumordnung, Stuttgart 1961.
RÖPER, B.: Entwicklungschancen der Wirtschaft des Landkreises Aachen im Rahmen der Europäischen Wirtschaftsgemeinschaft. Gutachten im Auftrage des Landkreises Aachen, o. O. und o. J. (Aachen 1965).
RÖPER, B.: Regionalpolitik für EWG-Binnengrenzgebiete insbesondere für das Aachener Grenzgebiet. In: Beiträge zur Regionalpolitik, hrsg. von H. K. Schneider, Berlin 1968, S. 148.
SAUER, W.: Die ökonomischen und technischen Probleme der deutschen Automobilindustrie in Brasilien und die dort entstandene nationale Zulieferindustrie. Vortrag im Rahmen des Kolloquiums „Technischer Fortschritt und Unternehmensgröße" aus Anlaß der 100-Jahr-Feier der Rheinisch-Westfälischen Technischen Hochschule Aachen vom 12. bis 15. Oktober 1970 (Veröffentlichung in Vorbereitung).
SCHRÖDER, D.: Strukturwandel, Standortwahl und regionales Wachstum. Prognos Studien 3, Stuttgart, Berlin, Köln, Mainz 1968.
SPIEGEL, E.: Standortverhältnisse und Standorttendenzen in einer Großstadt. In: Archiv für Kommunalwissenschaften, Jg. 9 (1970), S. 21.
STREIT, M.: Über die Bedeutung des räumlichen Verbunds im Bereich der Industrie. Köln, Berlin, Bonn, München 1967.
SUNDHOFF, E.: Absatzorganisation. In: Die Wirtschaftswissenschaften, hrsg. von E. Gutenberg, Wiesbaden 1958.
SUNDHOFF, E. und IHLE, H.-A.: Handwerksbetriebe als Lieferanten von Industrieunternehmungen, Göttingen 1964.
SUNDHOFF, E. und PIETSCH, G.: Die Lieferantenstruktur industrieller Großunternehmen. Göttingen 1964.
WENDT, A.: Untersuchung über die Standortsprobleme der Wilhelmshavener Industrieneugründungen nach dem Zweiten Weltkrieg. Diss. Freiburg 1955.
WINKEL, H.: Technischer Fortschritt und Unternehmensgröße aus der Sicht des Wirtschaftshistorikers. Vortrag im Rahmen des Kolloquiums „Technischer Fortschritt und Unternehmensgröße" aus Anlaß der 100-Jahr-Feier der Rheinisch-Westfälischen Technischen Hochschule Aachen vom 12. bis 15. Oktober 1970 (Veröffentlichung in Vorbereitung).

Anhang I
Darstellung der beschaffungswirtschaftlichen Verflechtungen einer ausgewählten Unternehmung des Aachener Wirtschaftsraumes

1. *Erhebungsmaterial*
2. *Beziehungen zwischen Lieferantenzahl und Beschaffungsumsatz*
2.1 *Beschaffungsumsatz und Lieferantenzahl nach Umsatzklassen*
2.2 *Graphische Darstellung (Lorenzkurve)*
3. *Räumliche Verteilung der Lieferanten und ihrer Umsatzanteile*
3.1 *Bedeutung einzelner Regionen in der BRD als Beschaffungsgebiete für die ausgewählte Unternehmung*
3.2 *Lieferanten des Nah- und Fernbereiches*
4. *Beziehungen zwischen räumlicher Nähe der Lieferanten und Höhe ihres Beschaffungsumsatzanteils*

1. Erhebungsmaterial

Diese Detailuntersuchung wurde durch die Mitarbeit eines industriellen Großunternehmens aus der Stadt Aachen möglich. Aus Gründen der Geheimhaltung betrieblicher Daten können keine näheren Angaben zu der Firma gemacht werden.

Mit Hilfe ihrer Datenverarbeitungsanlage stellte die Firma für das Jahr 1967 sämtliche Lieferanten im In- und Ausland und die auf sie entfallenden Anteile am Jahresbeschaffungsumsatz des Unternehmens zusammen. Diese umfangreiche Datenliste mit den 2 579 Lieferanten wurde unter räumlichen Gesichtspunkten aufbereitet: Regionen mit einer dreistelligen Postleitzahl weisen jeweils die Zahl der in diesem Gebiet ansässigen Lieferanten mit ihren relativen Umsatzanteilen aus. Für diese Publikation wurde die Liste auf die größeren Postlei träume mit einer zweistelligen Postleitzahl umgestellt, um die Ergebnisse übersichtlich in den Karten 1 bis 4 darstellen zu können[78].

2. Beziehungen zwischen Lieferantenzahl und Beschaffungsumsatz

2.1 *Beschaffungsumsatz und Lieferantenzahl nach Umsatzklassen*

Als ein quantitatives Maß für die Bedeutung eines Lieferanten kann sein relativer Lieferanteil am Beschaffungsumsatz des beziehenden Industrieunternehmens angesehen werden. Wird der jährliche Beschaffungsumsatzanteil den Überlegungen zugrunde gelegt, so werden die verzerrenden Einflüsse der Lagerbestandsveränderungen weitgehend ausgeschaltet, und der Umsatzanteil eines Lieferanten gibt dann seine wertmäßige Bedeutung als Lieferant in etwa an[79]. Die Aufgliederung des gesamten Beschaffungsumsatzes und der Gesamtzahl der Lieferanten der Unternehmung nach Umsatzklassen (Tabelle 25) läßt erkennen, daß relativ wenige Großlieferanten (17,2 %) einen hohen Umsatzanteil (90 %) auf sich vereinen, relativ viele Lieferanten (60,3 %) nur 7,8 % des gesamten Beschaffungsumsatzes tätigen und die restlichen Lieferanten (19,4 %) wertmäßig unbedeutend sind. Auf den Warenimport entfallen 3,1 % aller Lieferanten mit einem Umsatzanteil von 2,1 %[80].

Für die weiteren Überlegungen und kartographischen Darstellungen ist es sinnvoll, zwei Gruppen von Lieferanten zu unterscheiden: die Kleinlieferanten mit einem jährlichen Beschaffungsumsatzbetrag bis zu 10 000 DM und die Großlieferanten mit einem Beschaffungsumsatzbetrag über 10 000 DM im Jahr. Wird die Tabelle 25 auf diese beiden Umsatzklassen zusammengezogen, so tätigen die Großlieferanten (rd. 20 %) rd. 90 % des gesamten Beschaffungsumsatzes und die Kleinlieferanten (rd. 80 %) die restlichen 10 % des Beschaffungsumsatzes.

2.2 *Graphische Darstellung (Lorenzkurve)*

Graphisch können die Beziehungen zwischen Lieferantenzahl und Beschaffungsumsatz mit Hilfe einer Lorenzkurve sichtbar gemacht werden. Die Darstellung der beschaffungswirtschaftlichen Verhältnisse der ausgewählten Unternehmung in dieser Form zeigt anschaulich die ungleiche Verteilung des gesamten Beschaffungsumsatzes innerhalb der BRD auf die Lieferanten. Die Aufgliederung in Groß- und Kleinlieferanten erscheint damit gerechtfertigt.

---

[78]) Vgl. Tabelle 70 und zu den Übersichtskarten Anhang III. Der Verfasser dankt Herrn Dipl.-Ing., Dipl.-Wirtschaftsingenieur MARTIN SÄTTLER für die Ausarbeitung der Übersichtskarten.

[79]) Vgl. E. SUNDHOFF und G. PIETSCH: Die Lieferantenstruktur industrieller Großunternehmen. Göttingen 1964, S. 10.

[80]) Diese kleine Gruppe ausländischer Lieferanten wurde nicht nach Umsatzklassen gegliedert angegeben.

Tabelle 25: *Lieferantenstruktur eines ausgewählten Unternehmens des IHK-Bezirkes Aachen für das Jahr 1967*

Umsatzklassen in DM/Jahr	Lieferantenzahl	Anteil an der Gesamtzahl in %	Umsatzanteil in %
0 bis 100	501	19,4	0,1
100 bis 1 000	853	33,1	1,0
1 000 bis 10 000	700	27,2	6,8
10 000 bis 100 000	360	13,9	35,0
100 000 bis mehr	85	3,3	55,0
Ausland	80	3,1	2,1
	2 579	100,0	100,0

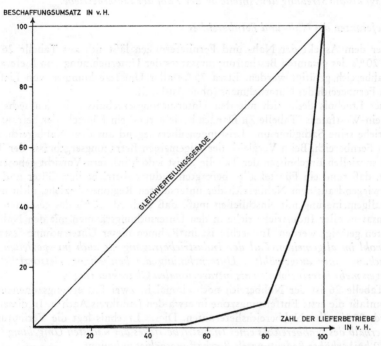

Lorenzkurve der Verteilung des Beschaffungsumsatzes auf die Lieferanten

3. Räumliche Verteilung der Lieferanten und ihrer Umsatzanteile

3.1 Bedeutung einzelner Regionen der BRD als Beschaffungsgebiete für die ausgewählte Unternehmung

Die Übersichtskarte 1 vermittelt einen Eindruck von der Bedeutung der einzelnen Regionen in der Bundesrepublik als Beschaffungsgebiete für das Aachener Unternehmen. Die relative Zahl aller Lieferanten in den einzelnen Räumen ist hierfür der Maßstab.

Die meisten Lieferanten haben ihren Sitz in Nordrhein-Westfalen mit Schwerpunkten im Aachener und Düsseldorfer Raum. Baden-Württemberg und Hessen sind danach als

Beschaffungsgebiete für das Aachener Unternehmen von Bedeutung. Aber auch in den Städten Hamburg und Berlin sitzt eine größere Anzahl von Lieferanten. Interessanterweise ergibt sich eine sehr dezentralisierte räumliche Verteilung der Lieferantenstandorte außerhalb des Landes Nordrhein-Westfalen.

Vergleicht man die Übersichtskarte 2 mit Karte 3, so wird eine etwas größere räumliche Streuung der Lieferanten mit kleinerem Lieferumfang über die einzelnen Räume erkennbar (Karte 2). Bei den größeren Lieferanten (Karte 3) ist die räumliche Streuung nicht mehr ganz so groß und die Ballung im Land Nordrhein-Westfalen ausgeprägter. Wird nun zum Vergleich die Übersichtskarte 4 herangezogen, welche die Bedeutung der einzelnen Regionen für das Aachener Unternehmen als Beschaffungsgebiete — gemessen an dem relativen Lieferumfang der Lieferanten dieser Regionen — darstellt, so wird eine stärkere Ballung der getätigten Umsätze in dem Aachener, Düsseldorfer und Kölner Raum sichtbar. *Insgesamt ist die Streuung der Umsatzanteile über den Gesamtraum weniger ausgeprägt als die Streuung der Anteile an der Zahl der Lieferbetriebe.*

3.2 Lieferanten des Nah- und Fernbereiches

Unter dem Aspekt der Nah- und Fernlieferungen läßt sich aus Tabelle 26 ablesen, daß rd. 20 % des gesamten Beschaffungsumsatzes der Unternehmung von Lieferanten aus dem Nahbereich getätigt werden. Etwa 75 % aller Umsätze kommen von Lieferanten aus dem Fernbereich des Unternehmens (ohne Ausland).

Dieses Ergebnis deckt sich mit den Untersuchungsergebnissen in den sechs Räumen Nordrhein-Westfalens (Tabelle 7). Danach bezieht rund ein Fünftel aller befragten Industriebetriebe seine Sachgüter und Leistungen überwiegend aus dem Nahbereich, der Rest aus dem Fernbereich. Beim Vergleich der allgemeinen Befragungsergebnisse der Tabelle 7 mit den speziellen Ergebnissen der Tabelle 26 ist jedoch insofern Vorsicht geboten, als die Aussage, daß rund ein Fünftel aller befragten Industriebetriebe ihre Güter und Leistungen vorwiegend aus dem Nahbereich der untersuchten Regionen bezieht, nicht unbedingt die Verallgemeinerung mit einschließen muß, daß auch rd. 20 % des gesamten Beschaffungsumsatzes aller Industriebetriebe in den Untersuchungsräumen mit den Nahbereichslieferanten getätigt werden. Immerhin ist im Rahmen dieser Untersuchung festzustellen, daß *sowohl im allgemeinen Fall der Industriebefragung als auch im speziellen Fall der Untersuchung einer ausgewählten Unternehmung die beschaffungswirtschaftlichen Verflechtungen mehr interregionalen als intraregionalen Charakter tragen.*

In Tabelle 26 ist der Nahbereich noch einmal in zwei Entfernungszonen unterteilt. Dabei umfaßt die erste Entfernungszone in etwa den Landkreis Aachen. In diesem Gebiet liegen rd. 80 % aller Nahbereichslieferanten. Dieses Ergebnis legt die Vermutung nahe, *daß innerhalb des Nahbereiches eines Industriebetriebes der nächsten Umgebung (Umkreis bis ca. 10 km) erhöhte Bedeutung als Beschaffungsgebiet zukommt.*

Voraussetzung für diese Vermutung ist jedoch die wirtschaftliche Struktur im Nahbereich und die Verkehrslage des Standortes. In einer rein landwirtschaftlich genutzten Region ohne Industrie- und größere Handwerksbetriebe hat die nächste Umgebung des beschaffenden Industrieunternehmens als Beschaffungsgebiet sicher keine Bedeutung. Die Befragung eines Großunternehmens der elektrotechnischen Industrie in der Voreifel zeigte dies sehr eindrucksvoll.

Tabelle 26 vermittelt noch eine weitere wichtige Erkenntnis. Den dort enthaltenen 5 Entfernungsklassen entsprechen jeweils Prozentanteile der Zahl der Lieferanten. Diese Anteilszahlen sind *etwa* genauso groß wie die zugehörigen Umsatzanteile. In der Entfernungsgruppe 30 bis 100 km Radius haben beispielsweise 20,7 % der Lieferanten ihren Standort, die mit 22,7 % am Gesamtumsatz beteiligt sind. Das gilt zwar nur für das eine

Tabelle 26: *Lieferverflechtungen auf der Beschaffungsseite eines ausgewählten Unternehmens des IHK-Bezirkes Aachen im Jahre 1967 nach Entfernungszonen*

Entfernungszonen in km	Postleitzahlen der Räume und Bereiche	Lieferanten	Anteil an allen Lieferanten in %	Anteil am Gesamtbeschaffungsumsatz in %
0 bis 10	510, 512, 519	383	14,8	18,0
10 bis 30	511, 513, 516, 517, 518	69	2,7	4,3
30 bis 100	40, 413, 414, 415, 417 50, 514, 520, 521, 53, 548, 553, 554, 565, 567	535	20,7	22,7
restl. BRD	alle restl. Postleiträume	1 512	58,7	52,9
Ausland	Europa und Welt	80	3,1	2,1
insgesamt		2 579	100,0	100,0

untersuchte Unternehmen, und innerhalb der jeweiligen Entfernungsklassen wird die Ungleichverteilung, wie sie die oben gezeigte Lorenzkurve wiedergibt, jedenfalls vorhanden sein. Wenn dies eine Beispiel aber ein Indiz für eine Regelmäßigkeit — vielleicht einer bestimmten Betriebsgrößengruppe — ist, dann heißt das, *daß der Schluß vom Anteil der Lieferanten auf den ungefähren Anteil des Gesamtbeschaffungsumsatzes innerhalb einer Entfernungsklasse möglich ist.*

4. Beziehungen zwischen räumlicher Nähe der Lieferanten und Höhe ihres Beschaffungsumsatzanteils

Es ist schwierig, mögliche Zusammenhänge zwischen Lieferantennähe und der Höhe des Beschaffungsumsatzes anhand des Erhebungsmaterials aufzuspüren, da aus dem Material nicht zu entnehmen ist, ob der Lieferant ausschließlich oder überwiegend das untersuchte Unternehmen beliefert. Ein Schluß von dem getätigten Lieferumfang auf die Betriebsgröße des Lieferanten ist nicht zulässig.

Für die Aufklärung der Zusammenhänge wäre es notwendig, aus der Gesamtzahl aller Lieferanten diejenigen auszusondern, die nur in geringem Umfang, gemessen an ihrem gesamten Umsatz, für die ausgewählte Unternehmung tätig werden. Es verbliebe dann ein Rest von Lieferanten, der ausschließlich oder überwiegend den Untersuchungsbetrieb beliefert. Diese Lieferanten und ihre räumliche Verteilung im Gesamtraum müßten dann in ähnlicher Weise unter räumlichen Gesichtspunkten untersucht werden, wie es für alle Lieferanten der Aachener Unternehmung geschehen ist. Dieses Vorgehen liefe auf eine kurze Befragung aller Lieferanten (2 579 Lieferanten) hinaus, inwieweit sie für das Unternehmen hauptsächlich liefern.

Im Rahmen dieser Untersuchung ist es nur möglich festzustellen, daß die räumliche Verteilung der kleineren Lieferanten (Lieferumfang bis 10 000 DM) eine größere Streuung über den Gesamtraum aufweist als die Standortverteilung der größeren Lieferanten (Lieferumfang über 10 000 DM). Die Übersichtskarte 3 zeigt gegenüber der Karte 2 eine relativ stärkere Ballung der größeren Lieferanten in Nordrhein-Westfalen. Da rd. 90 % des Gesamtbeschaffungsumsatzes von den größeren Lieferanten getätigt werden, sind die stärkeren Übereinstimmungen der Karten 3 und 4 verständlich.

Zusammenfassend läßt sich sagen, daß anhand des Erhebungsmaterials der Industrieunternehmung keine ausgeprägten Zusammenhänge zwischen der Nähe der Lieferanten und ihrem Anteil an der Gesamtbeschaffung zu erkennen sind. Es scheint jedoch so, als komme der Nähe bei Lieferanten mit kleinem Lieferanteil eine geringere Bedeutung zu als bei den wertmäßig bedeutenderen Lieferanten.

Anhang II

Tabellen 27 bis 70

Tabelle 27: Umfang der Untersuchung für den IHK-Bezirk Aachen
(gegliedert nach ausgewählten Industriegruppen)

Industriegruppe	Betriebe insgesamt *)**)	befragte Betriebe*)	Anteil der befragten Betriebe an Betrieben insgesamt in %	Beschäftigte insgesamt*)***)	Beschäftigte der befragten Betriebe	Anteil der Beschäftigten der befragten Betriebe an Beschäftigten insgesamt in %
25 Steine und Erden	63***)	2	3,2	2 237***)	420	18,8
29 Eisen-, Stahl- und Tempergießereien	16***)	2	12,5	1 775***)	350	19,7
30 Ziehereien und Kaltwalzwerke, Stahlverformung	21	4	19,0	3 231	815	79,7
31 Stahl- und Eisenbau	18	4	22,2	2 966	1 930	65,0
32 Maschinenbau	77	13	16,9	10 491	5 510	52,6
36 Elektrotechnische Industrie	27	7	25,9	9 126	4 045	44,2
5S Feinmechanische und optische Industrie	5***)	1	20,0	969***)	110	11,4
38 EBM-Industrie	61	8	13,1	12 917	3 560	27,6
52 Glasindustrie	13***)	2	15,4	8 401***)	885	10,5
56 Papier und Pappe verarbeitende Industrie	39	2	5,1	5 428	660	12,2
59 Kautschuk verarbeitende Industrie	8***)	1	12,5	3 803	1 650	43,4
insgesamt	348	46	13,2	61 344	19 935	32,6

*) Betriebe mit 10 Beschäftigten und mehr.

**) Quelle: Statistische Stelle der nordrhein-westfälischen Industrie- und Handelskammern (Hrsg.). Die Industrie in Nordrhein-Westfalen nach Handelskammerbezirken Oktober 1968, Dortmund, Januar 1969.

***) Quelle: Industrielle Entwicklung im Kammer-(Regierungs)bezirk Aachen, im Monat Oktober 1968. In: Wirtschaftliche Nachrichten der IHK für den Reg.-Bez. Aachen, Januar 1969, S. 18.

Tabelle 28: Umfang der Untersuchung für den IHK-Bezirk Arnsberg
(gegliedert nach ausgewählten Industriegruppen)

Industriegruppe	Betriebe insgesamt *)**)	befragte Betriebe*)	Anteil in %	Beschäftigte insgesamt*)**)	Beschäftigte der befragten Betriebe	Anteil in %
30 Ziehereien und Kaltwalzwerke, Stahlverformung	55	4	7,3	7 324	1 630	22,3
32 Maschinenbau	32	7	21,8	4 661	1 182	25,4
36 Elektrotechnische Industrie	63	5	7,9	17 736	4 150	23,4
37 Feinmechanische und optische Industrie	—***)	1	—	—***)	250	—
38 EBM-Industrie	155	8	5,2	15 130	1 818	12,0
58 Kunststoffverarbeitende Industrie	—***)	4	—	—***)	690	—
insgesamt	—	29	—	—	9 720	—

*) Betriebe mit 10 Beschäftigten und mehr.

**) Quelle: siehe Tabelle 27, Anmerkung **).

***) Angaben für Oktober 1968 waren nicht kurzfristig zu beschaffen.

Tabelle 29: *Umfang der Untersuchung für den IHK-Bezirk Dortmund (gegliedert nach ausgewählten Industriegruppen)*

Industriegruppe	Betriebe insgesamt *)**)	befragte Betriebe*)	Anteil in %	Beschäftigte insgesamt*)**)	Beschäftigte der befragten Betriebe	Anteil in %
30 Ziehereien und Kaltwalzwerke, Stahlverformung	36	6	16,7	11 838	1 722	14,6
32 Maschinenbau	64	7	10,9	11 152	3 622	32,5
36 Elektrotechnische Industrie	44	5	11,4	8 216	1 244	15,1
38 EBM-Industrie	90	11	11,1	18 800	6 497	34,5
58 Kunststoffverarbeitende Industrie	—***)	2	—	—***)	356	—
99 Sonstige Industrie-Gruppen	—***)	13	—	—***)	4 040	—
insgesamt	—	44	—	—	17 481	—

*) Betriebe mit 10 Beschäftigten und mehr.
**) Quelle: siehe Tabelle 27, Anmerkung **).
***) Keine Angaben

Tabelle 30: Umfang der Untersuchung für den IHK-Bezirk Remscheid
(gegliedert nach ausgewählten Industriegruppen)

Industriegruppe	Betriebe insgesamt *)**)	befragte Betriebe*)	Anteil der befragten Betriebe insgesamt in %	Beschäftigte insgesamt*)**)	Beschäftigte der befragten Betriebe	Anteil der Beschäftigten der befragten Betriebe an Beschäftigten in %
29 Eisen-, Stahl- und Tempergießereien	5***)	1	20,0	2 437	2 400	98,6
38 EBM-Industrie	223	12	5,4	18 258	4 556	25,0
insgesamt	228	13	5,7	20 695	6 956	33,6

Tabelle 31: Umfang der Untersuchung für den IHK-Bezirk Solingen
(gegliedert nach ausgewählten Industriegruppen)

Industriegruppe	Betriebe insgesamt *)**)	befragte Betriebe*)	Anteil in %	Beschäftigte insgesamt*)**)	Beschäftigte der befragten Betriebe	Anteil in %
38 EBM-Industrie	327	11	3,4	23 104	9 224	40,0
40 Chemische Industrie	22	1	4,5	41 537	18	0,0
59 Kautschuk verarbeitende Industrie	4****)	2	50,0	1 116****)	1 015	91,0
insgesamt	353	14	4,0	65 757	10 257	15,6

*) Betriebe mit 10 Beschäftigten und mehr.
**) Quelle: siehe Tabelle 27, Anmerkung **).
***) Quelle: Rundschau Oktober 1968 der Bergischen IHK zu Remscheid.
****) Quelle: Mitteilungen der IHK zu Solingen vom 15. Oktober 1968, Nr. 20.

Tabelle 32: Umfang der Untersuchung für den IHK-Bezirk Wuppertal
(gegliedert nach ausgewählten Industriegruppen)

Industriegruppe	Betriebe insgesamt *)**)	befragte Betriebe*)	Anteil in %	Beschäftigte insgesamt*) **)	Beschäftigte der befragten Betriebe	Anteil in %
28 NE-Metallwarenindustrie	9***)	1	11,1	1 947***)	1 350	69,4
29 Eisen-, Stahl- und Tempergießereien	42***)	3	7,1	8 907***)	3 849	43,3
36 Elektrotechnische Industrie	40	4	10,0	12 216	3 863	31,5
38 EBM-Industrie	353	14	4,0	35 267	11 366	32,2
40 Chemische Industrie	33	1	3,0	13 725	500	3,6
63 Textilindustrie	225	1	0,4	17 787	202	1,1
insgesamt	702	24	3,4	89 849	21 130	23,6

*) Betriebe mit 10 Beschäftigten und mehr.
**) Quelle: siehe Tabelle 27, Anmerkung **).
***) Quelle: Wirtschaftliche Mitteilungen der IHK Wuppertal vom 15. Oktober 1968, Nr. 20.

Tabelle 33: Umfang der Untersuchung aller in Nordrhein-Westfalen ausgewählten IHK-Bezirke zusammen
(gegliedert nach ausgewählten Industriegruppen)

Industriegruppe	Betriebe insgesamt *)**)	befragte Betriebe *)	Anteil in %	Beschäftigte insgesamt *)**)	Beschäftigte der befragten Betriebe	Anteil in %
25 Steine und Erden	63	2	3,2	2 237	420	18,8
28 NE-Metallwarenindustrie	9	1	11,1	1 947	1 350	69,4
29 Eisen-, Stahl- und Tempergießereien	63	6	9,5	13 119	6 599	50,0
30 Ziehereien und Kaltwalzwerke, Stahlverformung	112	14	12,5	22 393	4 167	18,6
31 Stahl- und Eisenbau	18	4	22,2	2 966	1 930	65,0
32 Maschinenbau	173	27	15,6	26 304	10 314	39,2
36 Elektrotechnische Industrie	174	21	12,0	47 294	13 302	28,2
37 Feinmechanische und optische Industrie	—	2	—	—	360	—
38 EBM-Industrie	1 209	64	5,3	123 476	37 021	30,0
40 Chemische Industrie	55	2	3,6	55 262	518	0,9
52 Glasindustrie	13	2	15,4	8 401	885	10,5
56 Papier und Pappe verarbeitende Industrie	39	2	5,1	5 428	660	12,2
58 Kunststoff verarbeitende Industrie	—	6	—	—	1 046	—
59 Kautschuk verarbeitende Industrie	12	3	2,5	4 919	2 665	54,3
63 Textilindustrie	225	1	0,4	17 787	202	1,1
99 sonstige Industriegruppen	—	13	—	—	4 040	—
insgesamt	—	170	—	—	85 479	—

*) Betriebe mit 10 Beschäftigten und mehr.
**) Quelle: siehe Tabelle 27, Anmerkung **).

Tabelle 34: Industrie aller ausgewählten IHK-Bezirke und Gesamtindustrie in Nordrhein-Westfalen
(gegliedert nach ausgewählten Industriegruppen)

Industriegruppe	Betriebe *)**) insgesamt in NRW	Betriebe *)**) insgesamt in den ausgewählten Räumen	Anteil in %	Beschäftigte insgesamt in NRW*) **)	Beschäftigte insgesamt in den ausgewählten Räumen*) **)	Anteil in %
25 Steine und Erden	1 005	63	6,3	54 961	2 237	4,1
30 Ziehereien und Kaltwalzwerke, Stahlverformung	972	112	11,5	128 429	22 393	17,5
31 Stahl- und Eisenbau	549	18	3,3	83 563	2 966	3,6
32 Maschinenbau	1 725	173	10,0	326 916	26 304	8,1
36 Elektrotechnische Industrie	761	174	22,8	183 917	47 294	25,7
38 EBM-Industrie	2 878	1 209	42,0	304 111	123 476	40,4
40 Chemische Industrie	579	55	9,5	204 555	55 262	27,0
56 Papier und Pappe verarbeitende Industrie	387	39	10,1	39 199	5 428	13,8
63 Textilindustrie	1 181	225	19,0	159 031	17 787	11,2
insgesamt	10 037	2 068	20,7	1 484 682	303 147	20,4

*) Betriebe mit 10 Beschäftigten und mehr.
**) Quelle: siehe Tabelle 27, Anmerkung **).

Tabelle 35: *Umfang der Untersuchung:*
Industrie aller ausgewählten IHK-Bezirke und Gesamtindustrie in Nordrhein-Westfalen
(gegliedert nach ausgewählten Industriegruppen)

Industriegruppe	Betriebe insgesamt in NRW *) **)	befragte Betriebe insgesamt *)	Anteil in °/oo	Beschäftigte insgesamt in NRW *) **)	Beschäftigte der befragten Betriebe insgesamt	Anteil in °/oo
25 Steine und Erden	1 005	2	2,0	54 961	420	7,7
30 Ziehereien und Kaltwalzwerke, Stahlverformung	972	14	14,4	128 429	4 167	32,5
31 Stahl- und Eisenbau	549	4	7,3	23 563	1 930	23,1
32 Maschinenbau	1 725	27	15,6	326 916	10 314	31,5
36 Elektrotechnische Industrie	761	21	27,6	183 917	13 302	72,4
38 EBM-Industrie	2 878	64	22,3	304 111	37 021	121,5
40 Chemische Industrie	579	2	3,5	204 555	518	0,3
56 Papier und Pappe verarbeitende Industrie	387	2	5,2	39 199	660	16,9
63 Textilindustrie	1 181	1	0,8	159 031	202	1,3
insgesamt	10 037	137	13,7	1 484 682	68 534	46,1

*) Betriebe mit 10 Beschäftigten und mehr.
**) Quelle: siehe Tabelle 27, Anmerkung **).

Tabelle 36: Anteil der Befragung an der Gesamtindustrie in Nordrhein-Westfalen
(nach IHK-Bezirken gegliedert)

IHK-Bezirke	Betriebe insgesamt *)**)	befragte Betriebe *)	Anteil in %	Beschäftigte insgesamt *)**)	Beschäftigte der befragten Betriebe *)	Anteil in %
Aachen	777	46	5,9	113 265	19 935	17,6
Arnsberg	669	29	4,3	68 185	9 720	14,3
Dortmund	564	44	7,8	118 851	17 481	14,7
Remscheid	454	13	2,9	45 101	6 956	15,4
Solingen	702	14	2,0	103 909	10 257	9,9
Wuppertal	1 204	24	2,0	136 846	21 130	15,4
insgesamt	4 370	170	3,9	586 157	85 479	14,5
Nordrhein-Westfalen	15 684	170	1,1	2 321 621	85 479	3,7

*) Betriebe mit 10 Beschäftigten und mehr.
**) Quelle: siehe Tabelle 27, Anmerkung **).

Tabelle 37: *Verteilung der befragten Firmen auf Betriebsgrößenklassen in den ausgewählten Untersuchungsräumen (IHK-Bezirke) Nordrhein-Westfalens*

Zahl der Betriebe

Beschäftigte	Aachen	Arnsberg	Dortmund	Remscheid	Solingen	Wuppertal	insgesamt
10 bis 19	—	—	—	—	3	—	3
20 bis 39	1	—	1	2	1	—	5
40 bis 79	—	2	8	3	2	—	15
80 bis 159	17	6	9	3	1	1	37
160 bis 319	12	9	13	—	1	5	40
320 bis 639	5	8	1	2	3	9	28
640 bis 1 279	6	3	8	1	1	1	20
1 280 bis 2 559	5	1	4	2	—	7	19
2 560 bis 5 119	—	—	—	—	2	1	3
10 bis 5 119	46	29	44	13	14	24	170

Tabelle 38: *Verteilung der befragten Betriebe auf Umsatzgrößenklassen**)
in den ausgewählten Untersuchungsräumen (IHK-Bezirke) Nordrhein-Westfalens

Zahl der Betriebe

Umsatzgrößenklasse in Mio. DM	Aachen	Arnsberg	Dortmund	Remscheid	Solingen	Wuppertal	insgesamt
0 bis 1	1	1	1	—	1	—	4
1 bis 2	2	2	1	1	3	—	9
2 bis 5	12	5	9	3	2	1	32
5 bis 10	9	4	8	3	1	3	28
10 und mehr	20	16	15	5	7	18	81
ohne Angabe	2	1	10	1	—	2	16
insgesamt	46	29	44	13	14	24	170

*) Jahresumsatz für 1967

Tabelle 39: *Lieferverflechtungen auf der Beschaffungsseite der untersuchten Betriebe im IHK-Bezirk Aachen*

Von den befragten Betrieben bezogen ... Betriebe überwiegend aus der/dem ...

	nächsten Umgebung*)	weiteren Umgebung**)	restl. BRD	Ausland	insgesamt
Rohstoffe	8	19	11	6	44
Hilfs- und Betriebsstoffe	22	13	4	—	39
Zulieferteile	3	14	17	1	35
Investitionsgüter	7	8	23	2	40
insgesamt	40	54	55	9	158

Tabelle 40: *Lieferverflechtungen auf der Absatzseite der untersuchten Betriebe im IHK-Bezirk Aachen*

Von den befragten Betrieben lieferten ... Betriebe überwiegend in die/das ...

	nächste Umgebung*)	weitere Umgebung**)	restl. BRD	Ausland	insgesamt
Zulieferteile	—	2	16	6	24
sonstige Produkte	4	4	11	11	30
insgesamt	4	6	27	17	54

Tabelle 41: *Lieferverflechtungen auf der Beschaffungsseite der untersuchten Betriebe im IHK-Bezirk Arnsberg*

Von den befragten Betrieben bezogen ... Betriebe überwiegend aus der/dem ...

	nächsten Umgebung*)	weiteren Umgebung**)	restl. BRD	Ausland	insgesamt
Rohstoffe	2	17	8	1	28
Hilfs- und Betriebsstoffe	11	11	7	—	29
Zulieferteile	2	11	13	—	26
Investitionsgüter	—	10	20	1	31
insgesamt	15	49	48	2	114

*) Nächste Umgebung = 30 km Umkreis um den Standort des Betriebes.
**) Weitere Umgebung = 100 km Umkreis um den Standort des Betriebes.

Tabelle 42: *Lieferverflechtungen auf der Absatzseite der untersuchten Betriebe im IHK-Bezirk Arnsberg*

Von den befragten Betrieben lieferten ... Betriebe überwiegend in die/das ...

	nächste Umgebung*)	weitere Umgebung**)	restl. BRD	Ausland	insgesamt
Zulieferteile	—	1	13	—	14
sonstige Produkte	1	4	15	1	21
insgesamt	1	5	28	1	35

Tabelle 43: *Lieferverflechtungen auf der Beschaffungsseite der untersuchten Betriebe im IHK-Bezirk Dortmund*

Von den befragten Betrieben bezogen ... Betriebe überwiegend aus der/dem ...

	nächsten Umgebung*)	weiteren Umgebung**)	restl. BRD	Ausland	insgesamt
Rohstoffe	9	15	16	2	42
Hilfs- und Betriebsstoffe	17	15	9	—	41
Zulieferteile	4	11	12	1	28
Investitionsgüter	—	3	37	2	42
insgesamt	30	44	74	5	153

Tabelle 44: *Lieferverflechtungen auf der Absatzseite der untersuchten Betriebe im IHK-Bezirk Dortmund*

Von den befragten Betrieben lieferten ... Betriebe überwiegend in die/das ...

	nächste Umgebung*)	weitere Umgebung**)	restl. BRD	Ausland	insgesamt
Zulieferteile	—	5	10	—	15
sonstige Produkte	1	1	26	2	30
insgesamt	1	6	36	2	45

*) Nächste Umgebung = 30 km Umkreis um den Standort des Betriebes.
**) Weitere Umgebung = 100 km Umkreis um den Standort des Betriebes.

Tabelle 45: *Lieferverflechtungen auf der Beschaffungsseite der untersuchten Betriebe im IHK-Bezirk Remscheid*

Von den befragten Betrieben bezogen ... Betriebe überwiegend aus der/dem ...

	nächsten Umgebung*)	weiteren Umgebung**)	restl. BRD	Ausland	insgesamt
Rohstoffe	2	8	3	—	13
Hilfs- und Betriebsstoffe	2	—	—	—	2
Zulieferteile	3	2	1	—	6
Investitionsgüter		keine Angaben			
insgesamt	7	10	4	—	21

Tabelle 46: *Lieferverflechtungen auf der Absatzseite der untersuchten Betriebe im IHK-Bezirk Remscheid*

Von den befragten Betrieben lieferten ... Betriebe überwiegend in die/das ...

	nächste Umgebung*)	weitere Umgebung**)	restl. BRD	Ausland	insgesamt
Zulieferteile	—	1	8	4	13
sonstige Produkte	—	—	1	—	1
insgesamt	—	1	9	4	14

Tabelle 47: *Lieferverflechtungen auf der Beschaffungsseite der untersuchten Betriebe im IHK-Bezirk Solingen*

Von den befragten Betrieben bezogen ... Betriebe überwiegend aus der/dem ...

	nächsten Umgebung*)	weiteren Umgebung**)	restl. BRD	Ausland	insgesamt
Rohstoffe	—	8	4	4	16
Hilfs- und Betriebsstoffe		keine Angaben			
Zulieferteile	3	1	1	1	6
Investitionsgüter			keine Angaben		
insgesamt	3	9	5	5	22

*) Nächste Umgebung = 30 km Umkreis um den Standort des Betriebes.
**) Weitere Umgebung = 100 km Umkreis um den Standort des Betriebes.

Tabelle 48: *Lieferverflechtungen auf der Absatzseite der untersuchten Betriebe im IHK-Bezirk Solingen*

Von den befragten Betrieben lieferten ... Betriebe überwiegend in die/das ...

	nächste Umgebung*)	weitere Umgebung**)	restl. BRD	Ausland	insgesamt
Zulieferteile	—	2	5	5	12
sonstige Produkte	1	1	2	1	5
insgesamt	1	3	7	6	17

Tabelle 49: *Lieferverflechtungen auf der Beschaffungsseite der untersuchten Betriebe im IHK-Bezirk Wuppertal*

Von den befragten Betrieben bezogen ... Betriebe überwiegend aus der/dem ...

	nächsten Umgebung*)	weiteren Umgebung**)	restl. BRD	Ausland	insgesamt
Rohstoffe	2	11	3	6	22
Hilfs- und Betriebsstoffe			keine Angaben		
Zulieferteile	6	6	6	4	22
Investitionsgüter			keine Angaben		
insgesamt	8	17	9	10	44

Tabelle 50: *Lieferverflechtungen auf der Absatzseite der untersuchten Betriebe im IHK-Bezirk Wuppertal*

Von den befragten Betrieben lieferten ... Betriebe überwiegend in die/das ...

	nächste Umgebung*)	weitere Umgebung**)	restl. BRD	Ausland	insgesamt
Zulieferteile	—	—	8	15	23
sonstige Produkte	1	2	5	1	9
insgesamt	1	2	13	16	32

*) Nächste Umgebung = 30 km Umkreis um den Standort des Betriebes.
**) Weitere Umgebung = 100 km Umkreis um den Standort des Betriebes.

Tabelle 51: *Vergabe von Lohnarbeiten (IHK-Bezirk Aachen)*

Von den befragten Betrieben vergaben ... Betriebe überwiegend in die/das ...

	nächste Umgebung*)	weitere Umgebung**)	restl. BRD	Ausland	insgesamt
nie	—	—	—	—	13
gelegentlich	11	6	4	—	21
regelmäßig	5	3	2	—	10
insgesamt	16	9	6	—	44

Tabelle 52: *Übernahme von Lohnarbeiten (IHK-Bezirk Aachen)*

Von den befragten Betrieben vergaben ... Betriebe überwiegend aus der/dem ...

	nächsten Umgebung*)	weiteren Umgebung**)	restl. BRD	Ausland	insgesamt
nie	—	—	—	—	26
gelegentlich	11	4	1	—	16
regelmäßig	1	—	2	—	3
insgesamt	12	4	3	—	45

Tabelle 53: *Vergabe von Lohnarbeiten (IHK-Bezirke Aachen, Arnsberg, Dortmund, Remscheid, Solingen und Wuppertal insgesamt)*

Von den befragten Betrieben vergaben ... Betriebe überwiegend in die/das ...

	nächste Umgebung*)	weitere Umgebung**)	restl. BRD	Ausland	insgesamt
nie	—	—	—	—	47
gelegentlich	36	16	7	—	59
regelmäßig	35	12	8	—	55
insgesamt	71	28	15	—	161

*) Nächste Umgebung = 30 km Umkreis um den Standort des Betriebes.
**) Weitere Umgebung = 100 km Umkreis um den Standort des Betriebes.

Tabelle 54: *Übernahme von Lohnarbeiten (IHK-Bezirke Aachen, Arnsberg, Dortmund, Remscheid, Solingen und Wuppertal insgesamt)*

Von den befragten Betrieben übernahmen ... Betriebe überwiegend aus der/dem ...

	nächsten Umgebung*)	weiteren Umgebung**)	restl. BRD	Ausland	insgesamt
nie	—	—	—	—	97
gelegentlich	24	14	8	—	46
regelmäßig	7	6	3	—	16
insgesamt	31	20	11	—	159

*) Nächste Umgebung = 30 km Umkreis um den Standort des Betriebes.
**) Weitere Umgebung = 100 km Umkreis um den Standort des Betriebes.

Tabelle 55: *Lieferverflechtungen auf der Beschaffungsseite für den IHK-Bezirk Aachen*

(Bedeutung der Postleiträume als Beschaffungsgebiete der befragten Betriebe)

Zahl der Nennungen*)

Postleitzahlen der Postleiträume	Roh-, Hilfs- und Betriebsstoffe	Zulieferteile	Investitionsgüter	insgesamt
10	1	11	4	16
20	10	10	7	27
22	—	1	—	1
23	1	3	—	4
24	—	3	—	3
28	2	1	1	4
29	1	2	—	3
30	1	7	2	10
31	1	1	—	2
32	2	5	—	7
33	—	6	—	6
34	—	—	2	2
35	1	2	—	3
40	75	25	12	112
41	33	8	7	48
42	11	9	2	22
43	28	7	5	40
44	1	3	1	5
45	4	—	—	4
46	32	5	4	41
47	13	1	4	18

Fortsetzung der Tabelle 55:

Postleitzahlen der Postleiträume	Roh-, Hilfs- und Betriebsstoffe	Zulieferteile	Investitionsgüter	insgesamt
48	3	11	4	18
49	—	2	6	8
50	67	31	17	115
51	226	60	53	339
52	6	13	5	24
53	7	14	2	23
54	1	2	1	4
55	1	—	1	2
56	38	36	21	95
57	3	6	—	9
58	24	14	8	46
59	16	17	4	37
60	19	24	13	56
61	—	—	1	1
62	2	4	1	7
63	1	9	1	11
64	1	1	2	4
65	1	2	—	3
66	1	1	—	2
67	—	7	—	7
68	12	10	2	24
69	—	4	1	5
70	2	19	10	31
71	2	3	1	6
73	4	4	11	19
74	1	2	3	6
85	1	10	5	15
76	—	1	—	1
77	—	3	1	4
78	—	3	1	4
79	1	5	1	7
80	5	19	7	31
83	—	2	—	2
84	—	5	—	5
85	1	16	6	23
86	—	5	1	6
87	3	11	—	14
88	2	—	5	7
89	5	1	2	8
Europa	38	24	14	86
Welt	10	6	2	18
insgesamt	722	531	268	1 521

*) Einschließlich Mehrfachnennungen.

Tabelle 56: *Gründungsjahre der befragten Firmen in den IHK-Bezirken Nordrhein-Westfalens*

Zahl der Betriebe

Zeitraum	Aachen	Arnsberg	Dortmund	Remscheid	Solingen	Wuppertal	insgesamt
bis 1899	19	7	10	4	6	11	57
1900 bis 1945	13	14	19	8	7	10	71
1946 bis 1955	9	4	6	—	1	3	23
1956 bis 1965	5	3	7	—	—	—	15
1966 bis 1968	—	—	1	1	—	—	2
ohne Angabe	—	1	1	—	—	—	2
insgesamt	46	29	44	13	14	24	170

Tabelle 57: *Zusammenstellung der Antworten zu Frage 2.1.8: Hat der Standort der Zulieferbetriebe für die Standortwahl Ihres Betriebes eine Rolle gespielt?*

Zahl der Betriebe

Bedeutung	Aachen	Arnsberg	Dortmund	Remscheid	Solingen	Wuppertal	insgesamt
nein	32	25	23	10	13	20	123
ja	4	1	8	1	—	4	18
vielleicht	3	1	—	—	—	—	4
ohne Antwort	7	2	13	2	1	—	25
insgesamt	46	29	44	13	14	24	170

Tabelle 58: *Zusammenstellung der Antworten zu Frage 2.2.6: Hat der Standort Ihrer Abnehmer für die Standortwahl Ihres Betriebes eine Rolle gespielt?*

Zahl der Betriebe

Bedeutung	Aachen	Arnsberg	Dortmund	Remscheid	Solingen	Wuppertal	insgesamt
nein	26	24	29	12	13	18	122
ja	8	3	9	—	1	2	23
vielleicht	3	—	—	—	—	—	3
ohne Antwort	9	2	6	1	—	4	22
insgesamt	46	29	44	13	14	24	170

Tabelle 59: Umfang der Untersuchung für den HK-Bezirk Hamburg
(gegliedert nach ausgewählten Industriegruppen)

Industriegruppe	Betriebe insgesamt *)**)	befragte Betriebe	Anteil der befragten Betriebe an Betrieben insgesamt in %	Beschäftigte insgesamt*)**)	Beschäftigte der befragten Betriebe	Anteil der Beschäftigten der befragten Betriebe an Beschäftigten insgesamt in %	Umsatz der befragten Betriebe pro Betrieb im Durchschnitt 1967
32 Maschinenbau	150	7	5	25 656	3 419	14	10 Mio. DM
36 Elektrotechnische Industrie	82	2	2	26 178	1 660	6	10 Mio. DM
58 Kunststoffverarbeitende Industrie	27	6	23	1 787	1 141	64	10 Mio. DM
29 Gießereien	11	3	27	585	277	47	2 bis 5 Mio. DM
37 Feinmechanik und Optik	33	2	6	3 355	1 240	37	10 Mio. DM
38 EBM-Industrie	66	3	4	6 040	2 014	33	10 Mio. DM
insgesamt	369	23	6,2	63 601	9 751	15,3	

*) Statistisches Bundesamt: Regionale Verteilung der Industriebetriebe und deren Beschäftigte nach Industriegruppen 1966, Stuttgart und Mainz 1966.

**) Beachte: Die Angaben der Betriebe und Beschäftigten insgesamt (Spalten 1 und 4) stammen von 1966.

Tabelle 60: *Gründungsjahre der befragten Firmen im HK-Bezirk Hamburg*

Zahl der Betriebe

Industriegruppe	bis 1899	1900— 1945	1946— 1955	1956— 1965	1966— 1968	
32 Maschinenbau	2	2	1	2	—	
36 Elektrotechnische Industrie	—	—	—	2	—	
58 Kunststoffverarbeitende Industrie	3	1	1	—	1	
29 Gießereien	1	1	—	1	—	
37 Feinmechanik und Optik	—	1	1	—	—	
38 EBM-Industrie	1	1	—	—	1	
insgesamt	7	6	3	5	2	= 23

Tabelle 61: *Bedeutung von Zulieferverflechtungen im HK-Bezirk Hamburg*

a) Für die untersuchten Betriebe war die Nähe zu den Zulieferern

	Nennungen
ohne Bedeutung	4
von geringer Bedeutung	11
von großer Bedeutung	8
insgesamt:	23

b) Bei den untersuchten Betrieben hat die Nähe zu den Zulieferern die Standortwahl beeinflußt/ nicht beeinflußt

	Nennungen
Einfluß auf die Standortwahl	4
kein Einfluß auf die Standortwahl	18
insgesamt:	22

Tabelle 62: *Vergabe von Lohnarbeiten (HK-Bezirk Hamburg)*

Von den befragten Betrieben vergaben ... Betriebe überwiegend in die/das ...

	nächste Umgebung*)	weitere Umgebung**)	restl. BRD	Ausland	insgesamt
nie	—	—	—	—	4
gelegentlich	11	—	—	—	11
regelmäßig	6	1	1	—	8
insgesamt	17	1	1	—	23

Tabelle 63: *Übernahme von Lohnarbeiten (HK-Bezirk Hamburg)*

Von den befragten Betrieben übernahmen ... Betriebe überwiegend aus der/dem ...

	nächsten Umgebung*)	weiteren Umgebung**)	restl. BRD	Ausland	insgesamt
nie	—	—	—	—	8
gelegentlich	9	—	—	—	9
regelmäßig	4	—	—	—	4
insgesamt	13	—	—	—	21

*) Nächste Umgebung = 30 km Umkreis um den Standort des Betriebes.
**) Weitere Umgebung = 100 km Umkreis um den Standort des Betriebes.

Tabelle 64: Umfang der Untersuchung für den IHK-Bezirk Braunschweig
(gegliedert nach ausgewählten Industriegruppen)

Industriegruppe	Betriebe insgesamt	befragte Betriebe Braunschwg. Stadt	befragte Betriebe Umgebung	Anteil der befragten Betrieben an Betrieben insgesamt in %	Beschäftigte der befragten Betriebe insgesamt	Beschäftigte der befragten Betriebe Braunschweig Stadt	Beschäftigte der befragten Betriebe Umgebung	Umsatz der befragten Betriebe pro Betrieb im Durchschnitt 1968
32 Maschinenbau	21	8	2	38	7 218	6 365	853	5 bis 10 Mio. DM
36 Elektrotechnik	6	3	—	50	365	365	—	5 bis 10 Mio. DM
58 Kunststoffverarbeitung	3	1	3	33	642	100	542	5 bis 10 Mio. DM
29 Gießereien	3	2	1	66	486	116	370	2 bis 5 Mio. DM
37 Optik	5	3	—	60	4 018	4 018	—	5 bis 10 Mio. DM
38 EBM	10	6	—	60	2 872	2 872	—	2 bis 5 Mio. DM
63 Bekleidung	2	1	1	50	307	120	187	2 bis 10 Mio. DM
39 Musikinstrumentenindustr.	3	2	—	66	570	570	—	5 bis 10 Mio. DM
57 Druckerei	25	3	—	12	660	660	—	2 bis 5 Mio. DM
99 Diverses (Farben- und Lederhersteller)	—*)	1	1	—*)	110	90	20	2 bis 5 Mio. DM
		30 8						
insgesamt	78	38		48,7	17 248	15 276	1 972	

*) Keine Angabe.

Tabelle 65: *Gründungsjahre der befragten Firmen im IHK-Bezirk Braunschweig*
Zahl der Betriebe

Industriegruppe	bis 1899	1900—1945	1946—1955	1956—1965	1966—1968	
32 Maschinenbau	4	5	1	—	—	
36 Elektrotechnik	—	2	—	1	—	
58 Kunststoffverarbeitung	—	2	1	—	1	
29 Gießereien	2	—	1	—	—	
37 Optik	1	1	1	—	—	
38 EBM	2	2	2	—	—	
63 Bekleidung	1	—	—	1	—	
39 Musikinstrumentenindustrie	1	1	—	—	—	
57 Druckerei	1	1	—	1	—	
99 Diverses	—	—	1	—	1	
insgesamt	12	14	7	3	2	= 38

Tabelle 66: Umfang der Untersuchung für den IHK-Bezirk Mannheim-Stadt und Land
(gegliedert nach ausgewählten Industriegruppen)

Industriegruppe	Betriebe *) insgesamt	Angeschriebene Betriebe	befragte Betriebe	Beschäftigte der befragten Betriebe insgesamt	Beschäftigte der befragten Betriebe pro Betrieb im Durchschnitt	Umsatz der befragten Betriebe pro Betrieb im Durchschnitt
Steine und Erden	25	3	3	2 000	250 bis 1 200	über 10 Mio. DM
Gießereien und Stahlwerke	11	1	1	200 bis 300	200 bis 300	über 10 Mio. DM
Maschinenbau	24	10	5	8 870	140 bis 3 100	über 10 Mio. DM
Apparatebau	10	2	2	300	150	5 bis 10 Mio. DM
Chemische Industrie	63	3	1	270	270	über 10 Mio. DM
Elektroindustrie	24	10	6	810	150 bis 200	5 bis 10 Mio. DM
Textilindustrie	26	5	4	1 950	250 bis 1 000	über 10 Mio. DM
Druck und Papier	33	1	1	8	8	unter 1 Mio. DM
Fahrzeugbau	6	1	—			
insgesamt	222	36	23			

*) Die Gesamtzahl der Betriebe betrug im Jahre 1968 im Untersuchungsraum insgesamt 379.

Tabelle 67: *Gründungsjahre der befragten Firmen im IHK-Bezirk Mannheim*

Industriegruppe	
Steine und Erden	1854, 1872, 1910
Gießereien und Stahlwerke	1900
Apparatebau	1899, 1946
Maschinenbau	1860, 1879, 1886, 1939—1867/1956 (Lanz/John Deere)
Chemische Industrie	1900
Elektroindustrie	1948, 1953, 1955, 1956 (3)
Textilindustrie	1830, 1886, 1948, 1949
Druck und Papier	1955

Tabelle 68: *Vergabe von Lohnarbeiten (IHK-Bezirk Mannheim)*

Von den befragten Betrieben vergaben ... Betriebe überwiegend in die ...

	nächste Umgebung*)	weitere Umgebung**)	restl. BRD u. Ausland***)	insgesamt
nie	—	—	—	6
gelegentlich		Keine Angaben		12
regelmäßig		Keine Angaben		5
insgesamt	—	—	—	23

Tabelle 69: *Übernahme von Lohnarbeiten (IHK-Bezirk Mannheim)*

Von den befragten Betrieben übernahmen ... Betriebe überwiegend aus der ...

	nächsten Umgebung*)	weiteren Umgebung**)	restl. BRD u. Ausland***)	insgesamt
nie	—	—	—	18
gelegentlich	4	—	2	6
regelmäßig	—	—	—	—
insgesamt	4	—	2	24

*) Nächste Umgebung = bis 30 km vom Standort des Betriebes.
**) Weitere Umgebung = 30 bis 100 km vom Standort des Betriebes.
***) Restl. BRD u. Ausland = über 100 km vom Standort des Betriebes.

Tabelle 70: *Lieferverflechtungen eines ausgewählten Unternehmens des IHK-Bezirks Aachen im Jahre 1967*

(Bedeutung der Postleiträume als Beschaffungsgebiete)

Postleitzahl der Postleiträume	Lieferanten der Umsatzklasse 10 000 DM und mehr	Lieferanten der Umsatzklasse bis 10 000 DM	Lieferanten insgesamt	Anteil am Gesamtumsatz der Lieferanten der Umsatzklasse 10 000 DM und mehr in %
10	10	85	95	1,5
20	12	64	76	2,2
21	—	6	6	—
22	1	1	2	0,1
23	2	3	5	0,3
24	1	5	6	0,3
28	4	28	32	1,4
29	—	10	10	—
30	5	30	35	1,2
31	—	—	—	—
32	2	2	4	0,2
33	1	16	17	0,2
34	2	9	11	0,2
35	2	14	16	0,1
40	48	173	221	7,8
41	12	48	60	3,7
42	2	10	12	0,1
43	8	41	49	2,7
44	2	38	40	0,2
45	2	4	6	0,3
46	10	44	54	3,8
47	2	16	18	1,0
48	8	26	34	0,7
49	2	14	16	0,1
50	36	135	171	7,4
51	115	345	460	25,0
52	9	20	29	1,8
53	3	27	30	1,3
54	1	20	21	0,1
55	—	5	5	—
56	22	84	106	2,9
57	4	7	11	0,4
58	10	50	60	1,8

Fortsetzung Tabelle 70:

Postleitzahl der Postleiträume	Lieferanten der Umsatzklasse 10 000 DM und mehr	Lieferanten der Umsatzklasse bis 10 000 DM	Lieferanten insgesamt	Anteil am Gesamtumsatz der Lieferanten der Umsatzklasse 10 000 DM und mehr in %
59	13	41	54	1,9
60	5	64	69	1,2
61	1	15	16	0,1
62	4	23	27	0,8
63	9	18	27	1,7
64	2	4	6	0,2
65	—	8	8	—
66	3	36	39	0,9
67	7	13	20	1,2
68	7	11	18	2,1
69	2	21	23	0,1
70	14	75	89	3,4
71	5	27	32	1,3
72	1	16	17	0,1
73	6	26	32	0,9
74	3	14	17	0,2
75	3	31	34	0,6
76	—	3	3	—
77	2	16	18	0,1
78	1	16	17	0,2
79	4	33	37	0,2
80	1	51	52	0,1
81	1	2	3	0,1
82	—	5	5	—
83	—	5	5	—
84	1	11	12	0,2
85	6	26	32	2,0
86	1	14	15	—
87	2	17	19	0,4
88	—	5	5	—
89	3	27	30	0,9
Inland	445	2 054	2 499	89,6
übriges Europa			75	} 2,1
übrige Welt			5	
insgesamt			2 579	91,7*)

*) Die Differenz zu 100 % entfällt auf die Lieferanten mit Umsätzen bis jeweils 10 000 DM.

Anhang III

Übersichtskarten 1 bis 4

Kartenverzeichnis

Anteil einzelner Regionen an den Zulieferungen für eine Industrieunternehmung im Aachener Wirtschaftsraum:

Übersichtskarte 1: Anteil in % aller Lieferanten (100 % ≙ 2 579 Lieferanten — siehe Tabelle 70)

Übersichtskarte 2: Anteil in % der Lieferanten mit einem Lieferumfang bis 10 000 DM im Jahre 1967 (100 % ≙ 2 054 Lieferanten — siehe Tabelle 70)

Übersichtskarte 3: Anteil in % der Lieferanten mit einem Lieferumfang von 10 000 DM und mehr im Jahre 1967 (100 % ≙ 445 Lieferanten — siehe Tabelle 70)

Übersichtskarte 4: Umsatzanteil der Lieferanten in % mit einem Lieferumfang von 10 000 DM und mehr im Jahre 1967 (100 % ≙ 89,6 % des Gesamtbeschaffungsumsatzes der Unternehmung — siehe Tabelle 70)

Zeichenerklärung zu den Karten 1-4

——— Grenzen der Leitzonen ⎫
                               ⎬ im Bereich der Deutschen Bundespost
——— Grenzen der Leiträume ⎭

43   Bezifferung der Leiträume

0   - 0,25 %
0,26 - 0,5 %
0,6 - 1,0 %
1,1 - 2,0 %
2,1 - 4,0 %
4,1 - 8,0 %
8,1 - 16,0 %
16,1 -32,0 %

Die Kreise stellen Prozentanteile dar, die Signaturen bezeichnen die Zugehörigkeit zu Prozentklassen. Die Bezugsgrößen für die 100-%-Angaben sind den Titeln der Übersichtskarten 1 bis 4 zu entnehmen. Weitere Angaben enthält Tabelle 70.

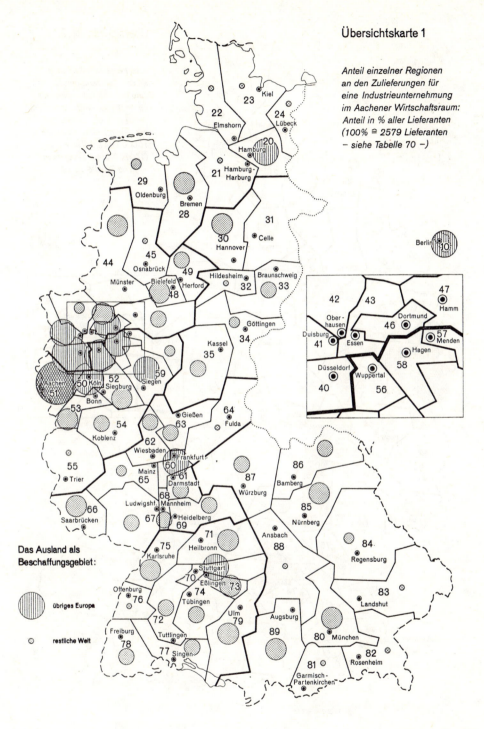

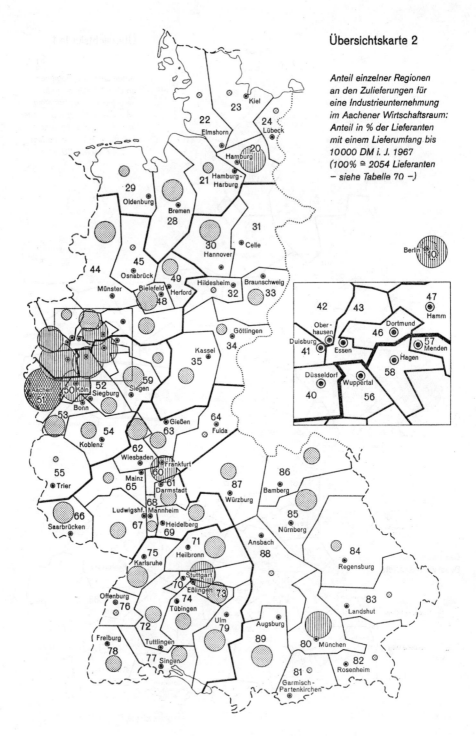

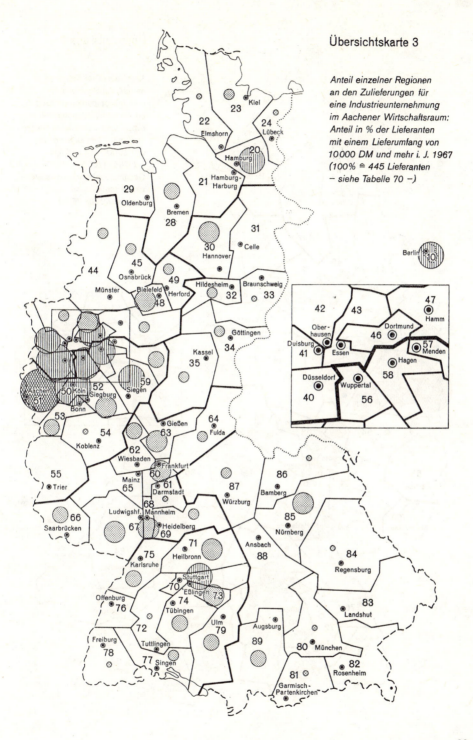

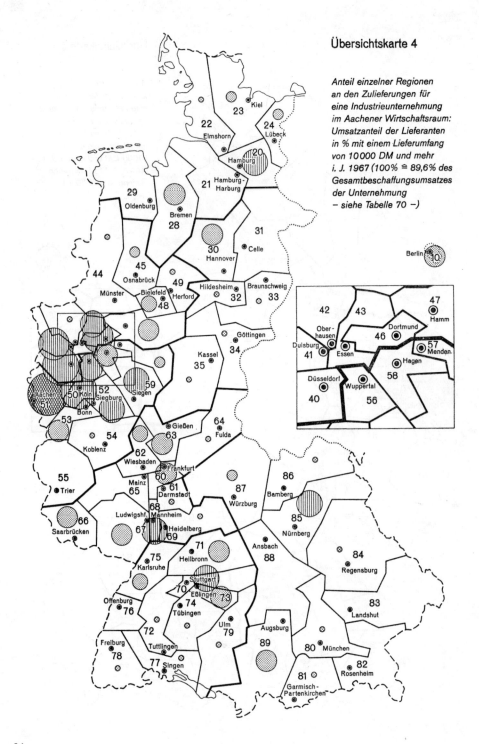

Anhang IV

Fragebogen

Akademie für Raumforschung und Landesplanung
Forschungsausschuß „Raum und Gewerbliche Wirtschaft"
Fragebogen zur Erfassung der Zulieferverflechtungen

Name .... Gesellschaftsform ....

Sitz des befragten Betriebes (Gemeinde) ....

1. Allgemeines
1.1 Zahl der Beschäftigten
1.2 Umsatz (Größenklasse)

                                                                                                                                 bis 1 Mio. DM
                                                                                                                                 1 bis 2 Mio. DM
       2 bis 5 Mio. DM
       5 bis 10 Mio. DM
       10 Mio. DM und mehr

1.3 Produktionsprogramm   in %/o des Umsatzes
1.3.1 ....
1.3.2 ....
1.3.3 ....
1.3.4 ....
1.3.5 ....
1.3.6 ....
1.4 Größe der vom Betrieb genutzten Grundfläche in m²
    (keine Reserveflächen)
1.5 Errichtungsjahr des Betriebes am gegenwärtigen Standort
1.6 Wurde der Betrieb verlagert, wenn ja woher?
1.7 Besitzt die Firma weitere Produktionsstätten, wenn ja, wo ist deren Standort und was produzieren sie?
    ....

1.8 Hervorstechende Eigentümlichkeiten des Betriebes?
    (Marktstellung, Spezialisierung auf bestimmte Produkte usw.)

2. Lieferverflechtungen
2.1 Beschaffungsseite
2.1.1 Wieviel Prozent an der Gesamtbeschaffung machen aus für die lfd. Produktion:
    a) Zulieferteile   ....%
    b) Rohstoffe   ....%
    c) Hilfs- und Betriebsstoffe   ....%
                                                                     100 %

2.1.2 Aus welchen Gemeinden oder Räumen beziehen Sie

    a) Zulieferteile (falls nicht erschöpfend möglich, bitte die wichtigsten)

Art der Zulieferteile	Gemeinde oder Raum	Zahl der Lieferanten	Anteil in %/o am Gesamtwert aller Zulieferteile
....	....	....	....
....	....	....	....
....	....	....	....
....	....	....	....
....	....	....	....
....	....	....	....
....	....	....	....

b) Rohstoffe (falls nicht erschöpfend möglich, bitte die wichtigsten)

Art der Rohstoffe	Gemeinde oder Raum	Zahl der Lieferanten	Anteil in % am Gesamt- wert aller Rohstoffe
....	....	....	....
....	....	....	....
....	....	....	....
....	....	....	....
....	....	....	....
....	....	....	....
....	....	....	....

c) Hilfs- und Betriebsstoffe (falls nicht erschöpfend möglich, bitte die wichtigsten)

Art der Hilfs- und Betriebsstoffe	Gemeinde oder Raum	Zahl der Lieferanten	Anteil in % am Gesamt- wert alle Hilfs- und Be- triebsstoffe
....	....	....	....
....	....	....	....
....	....	....	....
....	....	....	....
....	....	....	....
....	....	....	....
....	....	....	....

2.1.3 Aus welchen Gemeinden oder Räumen beziehen Sie Investitionsgüter (einschl. Werkzeuge) (diese Frage dient nur zur Abrundung)

Art des Investitionsgutes	Gemeinde oder Raum	Zahl der Lieferanten
....	....	....
....	....	....
....	....	....
....	....	....
....	....	....
....	....	....

2.1.4 a) Vergeben Sie Lohnarbeiten?

nie: ☐   gelegentlich: ☐   regelmäßig: ☐

b) In welche Gemeinden oder Räume vergeben Sie Lohnarbeiten?

Gemeinde oder Raum	Anteil in % an den gesamten Lohnarbeiten
....	....
....	....
....	....
....	....
....	....
....	....
....	....

2.1.5 Welche Gründe bestimmen die Auswahl Ihrer Zulieferer?
Preis
Qualität
Zuverlässigkeit der Lieferung
Persönliche Beziehungen
Nähe
Kosten für Transporte / Kontakte u. ä.
Tradition
Unternehmenspolitische Grundsätze
(z. B. räumliche Nähe unerwünscht)
Zufall
Inland / Ausland
weitere Gründe (z. B. Konzernverflechtungen)
Wie ist die Rangfolge Ihrer Gründe?
2.1.6 Welche Bedeutung hat für Sie die Nähe zu den Zulieferern?
2.1.7 Hat die Nähe zu den Zulieferern zu verschiedenen Zeiten ein anderes Gewicht gehabt und könnte sich das in der Zukunft ändern?
2.1.8 Hat der Standort der Zulieferbetriebe für die Standortwahl Ihres Betriebes eine Rolle gespielt?
(soweit beantwortbar)
2.2 Absatzseite
2.2.1 Wieviel Prozent machen an Ihrem Gesamtabsatz aus:
a) Zulieferteile .... %
b) sonstige Produkte .... %
100 %
2.2.2 In welchen Gemeinden oder Räumen sitzen die Abnehmer Ihrer:
a) Zulieferteile (soweit nicht erschöpfend möglich, bitte die wichtigsten)

Art der Zulieferteile	Gemeinde oder Raum	Art des Zulieferbetriebes	Zahl der Abnehmer	Anteil der Zulieferteile in % des Absatzes an Zulieferteilen
....	....	....	....	....
....	....	....	....	....
....	....	....	....	....
....	....	....	....	....
....	....	....	....	....
....	....	....	....	....

b) Sonstigen Produkte (soweit nicht erschöpfend möglich, bitte die wichtigsten)

Art der sonstigen Produkte	Gemeinde oder Raum	Zahl der Abnehmer	Anteil der sonstigen Produkte in % des Absatzes an sonstigen Produkten
....	....	....	....
....	....	....	....
....	....	....	....
....	....	....	....
....	....	....	....
....	....	....	....

2.2.3 a) Übernehmen Sie Lohnarbeiten?

nie: ☐   gelegentlich: ☐   regelmäßig: ☐

b) Aus welchen Gemeinden oder Räumen übernehmen Sie die Lohnarbeiten?

Gemeinde oder Raum	Anteil in % der gesamten Lohnarbeiten
....	....
....	....
....	....
....	....
....	....
....	....

2.2.4 Welche Bedeutung hat für Sie die Nähe zu Ihren Abnehmern?
2.2.5 Hat die Nähe zu den Abnehmern zu verschiedenen Zeiten ein unterschiedliches Gewicht gehabt und könnte sich das in der Zukunft ändern?
2.2.6 Hat der Standort Ihrer Abnehmer für die Standortwahl Ihres Betriebes eine Rolle gespielt?
(soweit beantwortbar)
3. Sonstige Standortfaktoren
3.1 Gründe für die Wahl des gegenwärtigen Standorts der Produktionsstätte:
3.2 Welche Standortanforderungen würden Sie im Falle einer Verlagerung Ihres Betriebes oder einer Zweiggründung stellen?

(Bitte die Angaben in das folgende Schema eintragen)

	Antworten Frage 3.1	Antworten Frage 3.2

a) Geeignetes Gelände
b) Bodenpreis bzw. Raumkosten (Miete)
c) Ausreichende räumliche Erweiterungsmöglichkeiten
d) Arbeitskräfte
   (1) Vorhandene Arbeitskraftreserven
   (2) Qualifikation der Arbeitskräfte
   (3) Geringe Fluktation der Arbeitskräfte
   (4) Staffelung der Löhne
e) Steuerliche Überlegungen
   (Gewerbe- und Grundsteuer)
f) Vergünstigungen durch die Gemeinde
g) Öffentliche Förderungsprogramme
h) Verkehrsverhältnisse
i) Räumliche Herkunftsbezeichnung
j) Transportkosten
   (1) bezüglich Beschaffung
   (2) bezüglich Absatz
k) Nähe der Vorlieferanten
l) Nähe der Abnehmer

m) Nähe zu Betrieben der gleichen Branche
   (1) positiv bewertet
   (2) negativ bewertet
n) Standort von Banken, Versicherungen usw.
o) Standort von wissenschaftlichen und
   kulturellen Einrichtungen
p) Nichtwirtschaftliche Faktoren
   ....
   ....
q) Andere Gründe, welche?

Falls der Befragte mehrere Faktoren angibt und selbst bereits eine Bewertung derselben vornimmt, soll das selbstverständlich miterfaßt werden, etwa in Form einer Zahl hinter den Angaben (also 1 = wichtiger Faktor; 2 = zweitwichtiger Faktor usw.). Andernfalls sollte der Interviewer versuchen, eine Rangfolge der Faktoren von dem Befragten zu erhalten!
Abschließend hätte ich gerne noch eine persönliche Angabe von Ihnen. Ihre Angaben werden selbstverständlich anonym behandelt. Für die Auswertung unserer Untersuchung möchten wir wissen, welche Position Sie im Betrieb erfüllen.

....

Forschungs- und Sitzungsberichte
der Akademie für Raumforschung und Landesplanung

Band XVII: Raum und Gewerbliche Wirtschaft 1

Industrialisierung ländlicher Räume

Inhaltsübersicht

		Seite
Prof. Dr. Erich Egner, Göttingen	Vorwort	XI
Dr. Gerhard Stavenhagen, Göttingen	Typen ländlicher Neuindustrialisierung in der Bundesrepublik	1
Prof. Dr. Erich Egner, Göttingen	Die regionale Entwicklung der Industriewirtschaften	27
Prof. Dr. Reinhold Brenneisen, Regensburg	Möglichkeit und Grenzen der Industrialisierung ökonomischer Grenzräume unter den Bedingungen der Hochkonjunktur	47
Privatdozentin Dr. Ingeborg Esenwein-Rothe, Wilhelmshaven	Die Persistenz von Industriebetrieben in strukturschwachen Wirtschaftsgebieten. Eine Untersuchung über Industrieklima und Standortsdynamik in entwicklungsbedürftigen Randgebieten (mit einer Karte im Anhang)	65
Oberregierungsrat Dr. Olaf Boustedt, München	Regionale Entwicklungstendenzen in der bayerischen Industrie 1953—1958 (mit einer Karte im Anhang)	95
Dr. Ulrich Peter Ritter, Göttingen	Die wirtschaftspolitische und raumordnerische Bedeutung der Industrial Parks in den USA	125

Der gesamte Band umfaßt 148 Seiten; Format DIN B 5; 1961; vergriffen.

GEBRÜDER JÄNECKE VERLAG · HANNOVER

Forschungs- und Sitzungsberichte
der Akademie für Raumforschung und Landesplanung

Band XXIII: Raum und Gewerbliche Wirtschaft 2

Der Einfluß der Europäischen Wirtschaftsgemeinschaft und der überseeischen Industrialisierung auf die westdeutsche Industrie

Inhaltsübersicht

		Seite
Prof. Dr. Erich Egner, Göttingen	Vorwort	1

Erster Teil: Aussichten westdeutscher Industrien im Rahmen der EWG

Dr. Hannedore Kahmann, Münster	Die internationale Wettbewerbslage der westdeutschen Textilindustrie	5
Dr. Hans Vogt, Düsseldorf	Die internationale Wettbewerbslage der westdeutschen Schuhindustrie	21
Dr. Hans Wolter, Düsseldorf	Die internationale Wettbewerbslage der westdeutschen eisenschaffenden Industrie	29
Dr. Friedhelm Fabers, Köln	Die voraussichtliche Veränderung in der Verteilung der erwerbstätigen Bevölkerung innerhalb der Europäischen Wirtschaftsgemeinschaft	41
Dr. Heinrich v. d. Trenck, Köln	Die internationale Wettbewerbslage der deutschen feinmechanischen und optischen Industrie	51
Dipl.-Volkswirt H. W. Schmidt, Essen	Die gegenwärtige Struktur und die zukünftigen Entwicklungstendenzen der Energieversorgung in der Bundesrepublik in nationaler und supranationaler Sicht	61

Zweiter Teil: Die Industrialisierung der Entwicklungsländer in ihrer Bedeutung für die alten Industriestaaten

Dr. Heinz Bachmann, Zürich	Analyse der Zollpolitik der Industriestaaten aus dem Blickwinkel der Entwicklungsländer	79
Prof. Dr. Erich Egner, Göttingen	Wachstumswirkungen der Rohstoffländer auf die Regionalstrukturen der westlichen Industrieländer	107
Dipl.-Kfm. Ulrich Löser, Göttingen	Die Bedeutung des Anlagenbaus und der technischen Beratung in den Entwicklungsländern	129

Der gesamte Band umfaßt 140 Seiten; Format DIN B 5; 1963; Preis 24,— DM

GEBRÜDER JÄNECKE VERLAG · HANNOVER

Forschungs- und Sitzungsberichte
der Akademie für Raumforschung und Landesplanung

Band XXXIV: Raum und Gewerbliche Wirtschaft 3

Der Einfluß der EWG und der überseeischen Industrialisierung auf einzelne westdeutsche Gebiete

Inhaltsübersicht

		Seite
Prof. Dr. Erich Egner, Göttingen	Vorwort	IX
Dr. Helmut R. Hoppe, Hamburg	Die Auswirkungen der EWG und EFTA auf die Häfen und die Industriestruktur der Freien Hansestadt Bremen	1
Dr. Joachim Klaus Zeidler, Hamburg/Frankfurt a. M.	Die Auswirkungen der EWG und EFTA auf den Hafen und die Industriestruktur Hamburgs . .	15
Dr. Walter Vigener, Kassel	Die Auswirkungen der EWG, EFTA und des GATT auf die westdeutsche Industrie, dargestellt am Beispiel Nordhessen	31
Prof. Dr. Reinhold Brenneisen, Regensburg/München	Anpassungsprobleme der Wirtschaft im ostbayerischen Grenzraum an die außenwirtschaftspolitische Entwicklung	43
Dr. Bruno Schlechtriemen, Mainz	Strukturprobleme der Südeifel unter dem Einfluß der EWG	73
Oberkreisdirektor Karl Rudolph, Ahaus	Die wirtschaftlichen und sozialen Strukturprobleme des münsterländischen Textilgebietes	79
Dr. Eduard Dietrich, Saarbrücken	Eingliederungs- und Konjunkturprobleme der Saarindustrie	101
Oberregierungsrat Josef Even, Saarbrücken	Struktur-, Standort- und Verkehrsfragen der Saarwirtschaft	117

Der gesamte Band umfaßt 128 Seiten; Format DIN B 5; 1966; Preis 24,— DM.

GEBRÜDER JÄNECKE VERLAG · HANNOVER

Forschungs- und Sitzungsberichte
der Akademie für Raumforschung und Landesplanung

Band 49: Raum und Gewerbliche Wirtschaft 4

Industrie und zentrale Orte

Inhaltsübersicht

		Seite
Ministerialrat a. D. *Prof. Dr.* *Gerhard Isenberg,* *Bonn*	Vorwort	VII
Prof. Dr. *Wolfram Mieth,* *Regensburg*	Die Qualität des Arbeitsmarktes in Anhängigkeit von seiner Größe	1
Prof. Dr. *Sigurd Klatt,* *Würzburg*	Ortsgröße und Verkehrsqualität	23
Prof. Dr. *Rudolf Klöpper,* *Göttingen*	Ländliche Industrieansiedlung in Rheinland-Pfalz und ihre Korrelation zum Wohnungsbau auf dem Lande	63

Der gesamte Band umfaßt 73 Seiten; Format DIN B 5; 1969; Preis 28,— DM.

GEBRÜDER JÄNECKE VERLAG · HANNOVER